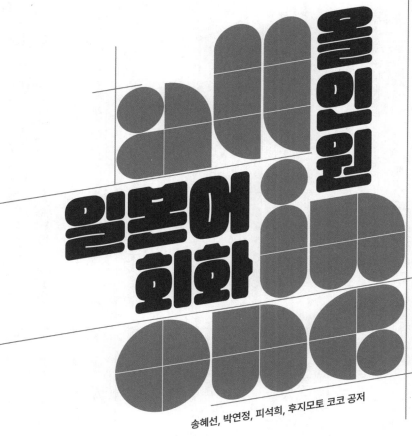

올인원
일본어 회화

송혜선, 박연정, 피석희, 후지모토 코코 공저

다락원

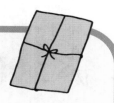

머리말

현대 사회에서 일본과의 관계는 우리에게 여러 가지 생각할 거리를 주며, 양국의 관계가 변화함에 따라 한국인들이 일본어를 배우려는 동기도 사회적 역할에 따라 다양해지고 있습니다. 이처럼 학습자의 일본어 학습 동기는 다양해지고 있는 반면, 기존 일본어 교재는 여전히 교실 상황에 한정되어 있습니다. 그로 인해 회화 내용이 문법 중심으로 이루어져 있으며 일상생활에서 많이 사용하지 않는 어휘로 구성된 경우가 많아 활용에 한계가 있다고 생각합니다.

이 책은 기존 일본어 교재의 한계점을 극복하고자 일상생활에서 접할 수 있는 생생한 장면들을 중심으로 에피소드를 정하고 평소에 많이 사용하는 자연스러운 어휘를 채택하여 문장을 구성하였습니다. 또한 각 과는 '회화 → 문형 포인트 → 연습 문제(문형 활용, 작문, 청해) → 말하기 연습 → JLPT 모의고사 → 문화 살펴보기' 순으로 충실하게 구성하였습니다. 각 과의 본문 회화에서는 실용적인 회화 표현 및 어휘를 제시하고 이어서 문형 포인트를 통해 핵심 문법을 정리하였습니다. 그리고 문형 활용, 작문, 청해, 말하기로 연습 문제를 세분화하여 학습자가 학습한 내용을 스스로 활용해 보는 단계를 거쳐 최종적으로 JLPT 모의고사 문제 풀이를 통해 자신의 일본어 수준을 진단하는 것을 목표로 구성하였습니다.

이 책의 제목을 '올인원 일본어 회화'로 정한 이유는 '이 한 권 안에 여러분의 일본어 실력을 향상시킬 수 있는 모든 단계적 학습이 담겨 있다'는 의미를 전하고 싶었기 때문입니다. 아무쪼록 이 책을 통해 생생한 일본어를 다채롭게 학습하여 여러분께서 희망하시는 일본어 학습의 목표를 달성하시기를 바랍니다. 감사합니다.

저자 일동

이 책의 구성과 특징

회화

각 과의 주제에 맞는 회화를 통해 중심 문형을
배우고 새로운 단어도 익힐 수 있습니다.

문형 포인트

회화에 나온 중심 문형을 간단한 설명과 예문을 통해
다시 한번 확인할 수 있습니다.

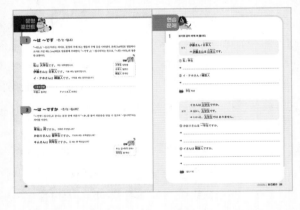

연습 문제

연습 문제를 통해 각 과의 중심 문형을 복습하며 듣기
실력도 키울 수 있습니다.

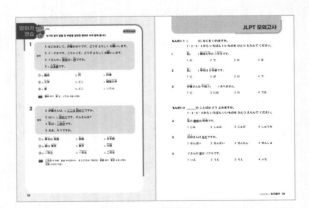

말하기 연습

주어진 표현을 활용하여 대화를 나누며
자연스럽게 문형을 연습할 수 있습니다.

JLPT 모의고사

시험과 유사하게 구성한 모의고사를 통해
JLPT 시험을 맛볼 수 있습니다.

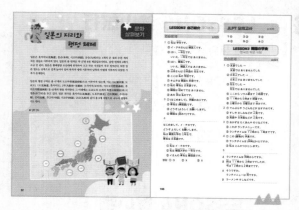

각 과의 주제와 관련된 일본의 문화를 소개합니다.

연습 문제와 JLPT 모의고사의 정답, 듣기 문제의
스크립트를 실었습니다.

별책 부록

가나 쓰기 노트

일본어 글자 히라가나와 가타카나를 여러 번 직접
써 보며 익힐 수 있습니다.

학습 도우미 온라인 무료 다운로드

· 스마트폰을 사용해 우측과 표지, 표지 안쪽의 QR코드를 찍으면 다락원 홈페이
지로 이동하여 바로 MP3 음성을 듣거나 다운로드할 수 있습니다. 연습 문제와
말하기 연습, JLPT 모의고사의 해석 파일 또한 다운로드 가능합니다.

· PC를 사용해 다락원 홈페이지(www.darakwon.co.kr)에서 회원 가입 후 MP3
파일과 학습 자료를 무료로 다운로드 받을 수 있습니다.

학습 목표

차례

일본어
문자와 발음

학습목표

일본어 문자와 발음

1 일본의 문자

일본어는 히라가나, 가타카나, 한자로 이루어진 언어이다.

* 일본어는 한글과 달리 띄어쓰기를 하지 않는다.

1 히라가나 (ひらがな)

히라가나는 한자의 초서체를 간단히 하여 만든 문자로, 각지지 않고 둥글둥글한 모양이 특징이다. 일본어를 표현하는 가장 기본이 되는 문자이며, 문장의 조사나 조동사, 부사 등은 히라가나로 적는다.

$$加 \rightarrow 加 \rightarrow か$$

2 가타카나 (カタカナ)

가타카나는 한자의 일부분을 떼어 만든 문자로, 각진 모양이 특징이다. 외래어, 외국의 인명이나 지명, 의성어와 의태어 등을 표기하거나 문장의 일부분을 특별히 강조하고 싶을 때 사용한다.

3 한자 (漢字)

일본은 한국과 달리 신자체 한자를 사용하며, 한자를 읽을 때는 음으로 읽는 음독(音読), 뜻을 살려 읽는 훈독(訓読) 두 가지 방법으로 읽는다. 일본어에서는 일상생활에 필요한 2,136자의 한자를 상용한자로 정하여 사용하고 있다.

2 청음(清音)과 발음(撥音)

청음은 탁음과 반탁음, 발음 「ん」을 제외한 음을 의미한다. 일본어의 문자를 5개의 단과 10개의 행으로 구성한 표를 오십음도라고 하며, 그 중 현대에 쓰이지 않는 글자를 제외하면 일본어의 음은 총 46개이다.

	あ단	い단	う단	え단	お단
あ행	あ [a]	い [i]	う [u]	え [e]	お [o]
か행	か [ka]	き [ki]	く [ku]	け [ke]	こ [ko]
さ행	さ [sa]	し [shi]	す [su]	せ [se]	そ [so]
た행	た [ta]	ち [chi]	つ [tsu]	て [te]	と [to]
な행	な [na]	に [ni]	ぬ [nu]	ね [ne]	の [no]
は행	は [ha]	ひ [hi]	ふ [fu]	へ [he]	ほ [ho]
ま행	ま [ma]	み [mi]	む [mu]	め [me]	も [mo]
や행	や [ya]		ゆ [yu]		よ [yo]
ら행	ら [ra]	り [ri]	る [ru]	れ [re]	ろ [ro]
わ행	わ [wa]				を [o]
발음	ん [n]				

가타카나는 외래어나 의성어와 의태어를 표기하거나 문장의 일부분을 특별히 강조하고 싶을 때 사용하며, 가타카나의 발음과 구성은 히라가나와 같다.

	ア단	イ단	ウ단	エ단	オ단
ア행	ア [a]	イ [i]	ウ [u]	エ [e]	オ [o]
カ행	カ [ka]	キ [ki]	ク [ku]	ケ [ke]	コ [ko]
サ행	サ [sa]	シ [shi]	ス [su]	セ [se]	ソ [so]
タ행	タ [ta]	チ [chi]	ツ [tsu]	テ [te]	ト [to]
ナ행	ナ [na]	ニ [ni]	ヌ [nu]	ネ [ne]	ノ [no]
ハ행	ハ [ha]	ヒ [hi]	フ [fu]	ヘ [he]	ホ [ho]
マ행	マ [ma]	ミ [mi]	ム [mu]	メ [me]	モ [mo]
ヤ행	ヤ [ya]		ユ [yu]		ヨ [yo]
ラ행	ラ [ra]	リ [ri]	ル [ru]	レ [re]	ロ [ro]
ワ행	ワ [wa]				ヲ [o]
발음	ン [n]				

1 あ행

♬ 002.mp3

일본어의 모음 「あ·い·う·え·お」는 우리말의 [아], [이], [우], [에], [오]와 비슷하게 발음하되, 「う」는 우리말의 [우]와 [으]의 중간 음으로 발음한다. 이때 입술을 너무 많이 내밀지 않도록 주의한다.

あ [a] **ア**	**い** [i] **イ**	**う** [u] **ウ**	**え** [e] **エ**	**お** [o] **オ**
あい 사랑	いい 좋다	あう 만나다	いえ 집	あお 파랑

2 か행

♬ 003.mp3

우리말의 [카], [키], [쿠], [케], [코]와 비슷하게 발음하되, 어두에서 [k] 소리를 너무 강하지 않게 발음한다.

か [ka] **カ**	**き** [ki] **キ**	**く** [ku] **ク**	**け** [ke] **ケ**	**こ** [ko] **コ**
かお 얼굴	えき 역	きく 듣다	いけ 연못	こえ 목소리

3 さ행

♬ 004.mp3

우리말의 [사], [시], [스], [세], [소]와 비슷하게 발음하되, 「す」는 우리말의 [수]와 [스]의 중간 음으로 발음한다. 이때 입술을 너무 많이 내밀지 않도록 주의한다.

さ [sa] **サ**	**し** [shi] **シ**	**す** [su] **ス**	**せ** [se] **セ**	**そ** [so] **ソ**
かさ 우산	しお 소금	いす 의자	せき 자리	そこ 거기

4 た행

♬ 005.mp3

우리말의 [타], [치], [츠], [테], [토]와 비슷하게 발음하되, [t]와 [ch] 소리는 어두에서 조금 약하게 발음한다. 「ち」는 [ti]가 아닌 [chi]로 발음하며 「つ」는 우리말의 [츠]와 [쯔]의 중간 음으로 발음한다.

た [ta] **タ**	**ち** [chi] **チ**	**つ** [tsu] **ツ**	**て** [te] **テ**	**と** [to] **ト**
うた 노래	くち 입	つくえ 책상	たて 세로	いと 실

5 な행

🎵 006.mp3

우리말의 [나], [니], [누], [네], [노]와 비슷하게 발음하되, 「ぬ」를 발음할 때 입술을 너무 많이 내밀지 않도록 주의한다.

な	に	ぬ	ね	の
[na]	[ni]	[nu]	[ne]	[no]
ナ	ニ	ヌ	ネ	ノ
なつ 여름	にく 고기	いぬ 개	ねこ 고양이	ぬの 천

6 は행

🎵 007.mp3

우리말의 [하], [히], [후], [헤], [호]와 비슷하게 발음하되, 「ふ」를 발음할 때 입술을 너무 많이 내밀지 않도록 주의한다. 「は」는 조사 '~은/는'의 의미로 쓰일 때는 [wa]로 발음하며 「へ」는 조사 '~으로, ~에'의 의미로 쓰일 때는 [e]로 발음한다.

は	ひ	ふ	へ	ほ
[ha]	[hi]	[fu]	[he]	[ho]
ハ	ヒ	フ	ヘ	ホ
はな 꽃	ひと 사람	ふね 배	へそ 배꼽	ほし 별

7 ま행

🎵 008.mp3

우리말의 [마], [미], [무], [메], [모]와 비슷하게 발음하되, 「む」를 발음할 때 입술을 너무 많이 내밀지 않도록 주의한다.

ま	み	む	め	も
[ma]	[mi]	[mu]	[me]	[mo]
マ	ミ	ム	メ	モ
くま 곰	みせ 가게	むし 벌레	まめ 콩	おもい 무겁다

8 や행

🎵 009.mp3

우리말의 [야], [유], [요]와 비슷하게 발음한다.

や		ゆ		よ
[ya]		[yu]		[yo]
ヤ		ユ		ヨ
やま 산		ゆき 눈		よこ 옆

9 ら행

우리말의 [라], [리], [루], [레], [로]와 비슷하게 발음하되, 「る」는 우리말의 [루]와 [르]의 중간 음으로
발음한다.

🎵 010.mp3

ら [ra] ラ	り [ri] リ	る [ru] ル	れ [re] レ	ろ [ro] ロ
さくら 벚꽃	とり 새	くるま 차	はれ 맑음	いろ 색

10 わ행

우리말의 [와], [오]와 비슷하게 발음한다. 「を」는 목적격 조사 '~을/를'의 뜻으로만 쓰인다.

🎵 011.mp3

わ [wa] ワ				を [o] ヲ
わたし 나, 저				～を ~을/를

11 발음 ん

우리말의 받침과 비슷한 역할을 하며 단어 맨 앞에 오지 않는다. 읽을 때는 뒤에 오는 글자에 따라 자연
스럽게 [ㄴ/ㅁ/ㅇ]으로 발음한다. 또한 「ん」은 한 박자로 발음해야 함에 주의한다.

🎵 012.mp3

ん [n] ン
みかん 귤

3 탁음(濁音)과 반탁음(半濁音)

탁음은 「か·さ·た·は」행 글자의 오른쪽 위에 탁점(゙)을 붙여 표기하며 청음과 다르게 발음한다.
반탁음은 「は」행에서만 사용하는데, 「は」행 글자의 오른쪽 위에 반탁점(゚)을 붙여 표기한다.

1 が행

♬ 013.mp3

우리말의 [가], [기], [구], [게], [고]와 비슷하게 발음하되, 「ぐ」는 입술을 동그랗게 모으지 않고 발음한다.

が	ぎ	ぐ	げ	ご
[ga]	[gi]	[gu]	[ge]	[go]
ガ	ギ	グ	ゲ	ゴ
てがみ 편지	うさぎ 토끼	かぐ 가구	ひげ 수염	いちご 딸기

2 ざ행

♬ 014.mp3

영어의 [z]와 비슷하게 발음하며 「ず」는 입술을 동그랗게 모으지 않고 발음한다.

ざ	じ	ず	ぜ	ぞ
[za]	[ji]	[zu]	[ze]	[zo]
ザ	ジ	ズ	ゼ	ゾ
かざり 장식	かじ 화재	ねずみ 쥐	かぜ 바람	かぞく 가족

3 だ행

♬ 015.mp3

우리말의 [다], [지], [즈], [데], [도]와 비슷하게 발음한다. 「ぢ」는 「じ」와 발음이 같고 「づ」는 「ず」와 발음이 같은데, 「ぢ」와 「づ」는 두 단어가 결합한 복합어 외에는 잘 쓰이지 않는다.

だ	ぢ	づ	で	ど
[da]	[ji]	[zu]	[de]	[do]
ダ	ヂ	ヅ	デ	ド
ともだち 친구	はなぢ 코피	こづつみ 소포	でぐち 출구	みどり 녹색, 초록

4 ば행

🎵 016.mp3

우리말의 [바], [비], [부], [베], [보]와 비슷하게 발음하되, 「ぶ」를 발음할 때 입술을 너무 많이 내밀지 않도록 주의한다.

ば [ba] バ	び [bi] ビ	ぶ [bu] ブ	べ [be] ベ	ぼ [bo] ボ
そば 옆	はなび 불꽃놀이	てぶくろ 장갑	かべ 벽	そぼ 할머니

5 ぱ행

🎵 017.mp3

반탁음은 우리말의 [파], [피], [푸], [페], [포]와 비슷하게 발음하되, 단어 중간이나 끝에서는 'ㅃ' 소리에 가깝게 발음한다. 「ぷ」를 발음할 때는 입술을 너무 많이 내밀지 않도록 주의한다.

ぱ [pa] パ	ぴ [pi] ピ	ぷ [pu] プ	ぺ [pe] ペ	ぽ [po] ポ
ぱちぱち 짝짝	ぴかぴか 반짝반짝	ぷるぷる 탱탱	ぺらぺら 술술	さんぽ 산책

4 요음(拗音)

い단의 글자 「き·し·ち·に·ひ·み·り·ぎ·じ·び·ぴ」 옆에 「や·ゆ·よ」를 작게 붙여 같이 발음하는 음을 요음이라고 한다. 요음은 두 글자이지만 한 박자의 길이로 발음한다.

きゃ [kya] キャ	きゅ [kyu] キュ	きょ [kyo] キョ	ぎゃ [gya] ギャ	ぎゅ [gyu] ギュ	ぎょ [gyo] ギョ
きゃく 손님	やきゅう 야구	きょうだい 형제	ぎゃく 반대	ぎゅうにく 소고기	きんぎょ 금붕어

しゃ [sha] シャ	しゅ [shu] シュ	しょ [sho] ショ	じゃ [ja] ジャ	じゅ [ju] ジュ	じょ [jo] ジョ
いしゃ 의사	かしゅ 가수	じしょ 사전	かんじゃ 환자	びじゅつ 미술	きんじょ 근처

ちゃ [cha] チャ	ちゅ [chu] チュ	ちょ [cho] チョ
おもちゃ 장난감	ちゅうし 중지	ちょきん 저금

にゃ [nya] ニャ	にゅ [nyu] ニュ	にょ [nyo] ニョ	ひゃ [hya] ヒャ	ひゅ [hyu] ヒュ	ひょ [hyo] ヒョ
にゃん 야옹	にゅうがく 입학	にょろにょろ 꿈틀꿈틀	ひゃく 100	ひゅう 쌩, 획	もくひょう 목표

びゃ	びゅ	びょ	ぴゃ	ぴゅ	ぴょ
[bya]	[byu]	[byo]	[pya]	[pyu]	[pyo]
ビャ	ビュ	ビョ	ピャ	ピュ	ピョ
さんびゃく 300	びゅんびゅん 휙휙, 씽씽	びょういん 병원	ろっぴゃく 600	ぴゅうぴゅう 쌩쌩	ぴょこぴょこ 폴짝폴짝

みゃ	みゅ	みょ	りゃ	りゅ	りょ
[mya]	[myu]	[myo]	[rya]	[ryu]	[ryo]
ミャ	ミュ	ミョ	リャ	リュ	リョ
みゃく 맥	みゅーじっく 뮤직, 음악	びみょう 미묘	しょうりゃく 생략	りゅうがく 유학	りょうり 요리

5 촉음(促音)

촉음은 우리말의 받침과 유사한 역할을 하는 음으로, 「つ·ツ」를 작게 써서 표기하며 뒤에 오는 음에 영향을 받는다. 또한 한 박자의 길이로 발음해야 함에 주의한다.

1 か행 앞에서 [k]로 발음

さっか 작가   がっき 악기   ネックレス 목걸이

2 さ행 앞에서 [s]로 발음

ざっし 잡지   いっしょ 함께   レッスン 레슨, 수업

3 た행 앞에서 [t]로 발음

きって 우표   まっちゃ 말차   ポケット 포켓, 주머니

4 ぱ행 앞에서 [p]로 발음

きっぷ 표   いっぴき 한 마리   スリッパ 슬리퍼

6 장음(長音)

같은 모음이 중복될 때, 앞 글자의 모음을 두 박자 길이로 길게 발음하는 것을 장음이라고 한다. 히라가나는 장음을 「あ·い·う·え·お」로 표기하며 가타카나는 「ー」로 표기한다. 장음의 유무에 따라 뜻이 달라지는 단어에 유의한다.

1 あ단 뒤에 あ가 올 때 길게 발음

おかあさん 어머니　　おばあさん 할머니　　ツアー 여행, 관광

2 い단 뒤에 い가 올 때 길게 발음

おにいさん 오빠, 형　　おじいさん 할아버지　　ビール 맥주

3 う단 뒤에 う가 올 때 길게 발음

くうき 공기　　たいふう 태풍　　スープ 수프, 국

4 え단 뒤에 え/い가 올 때 길게 발음

おねえさん 누나, 언니　　せんせい 선생님　　スケート 스케이트

5 お단 뒤에 お/う가 올 때 길게 발음

おおさか 오사카　　こうえん 공원　　コート 코트

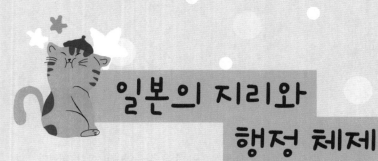

일본의 지리와 행정 체제

일본은 홋카이도(北海道), 혼슈(本州), 시코쿠(四国), 규슈(九州)라는 4개의 큰 섬과 수천 개의 작은 섬들로 이루어져 있다. 일본의 총 면적은 약 37만 8천 제곱킬로미터로, 남한 면적의 4배가 조금 안 된다. 일본은 환태평양 조산대에 위치하여 크고 작은 지진들이 자주 일어난다. 또한 일본 열도는 남북으로 길게 늘어서 있어 북쪽의 냉대 기후부터 남쪽의 아열대 기후까지 다양한 기후가 존재한다.

일본의 행정 구역은 총 47개의 도도부현(都道府県)으로 이루어져 있는데, 이는 1도(東京都, 도쿄도), 1도(北海道, 홋카이도), 2부(大阪府·京都府, 오사카부/교토부), 아오모리현(青森県), 후쿠오카현(福岡県) 등 43개의 현을 의미한다. 그 아래에는 도쿄도의 23개의 특별구(特別区)와 시정촌(市丁村)을 두고 있다. 일본 전국을 홋카이도(北海道), 도호쿠(東北), 간토(関東), 주부(中部), 긴키(近畿), 주고쿠(中国), 시코쿠(四国), 규슈(九州)와 같이 총 8개 지방으로 나누어 설명하기도 한다.

▶ 일본 전도

LESSON

2

じ こ しょう かい
自己紹介

자기소개

학습목표

1 명사 긍정 표현
2 명사 의문 표현
3 명사 부정 표현

4 명사의 연결형
5 조사 の의 용법

♬ 021.mp3

伊藤かおり　はじめまして。留学生の 伊藤かおりです。

私は 日本大学の 一年生で、１９歳です。

どうぞ よろしく お願いします。

イ・テホ　はじめまして。私は イ・テホです。

こちらこそ どうぞ よろしく お願いします。

私は 韓国大学の 二年生で、２０歳です。

伊藤かおり　専攻は 何ですか。

イ・テホ　私の 専攻は 日本語です。伊藤さんは？

伊藤かおり　私の 専攻は 韓国語です。

イ・テホ　韓国は 初めてですか。

伊藤かおり　いいえ、韓国は 初めてでは ありません。

三回目です。

단어

伊藤 이토<일본 성씨>　はじめまして 처음 뵙겠습니다　留学生 유학생　〜の ~의, ~인<동격>　〜です ~입니다

私 저　〜は ~은/는　日本 일본　大学 대학교　〜年生 ~학년　〜歳 ~세　どうぞ 아무쪼록　よろしく 잘

お願いします 부탁드립니다　イ 이<한국 성씨>　こちらこそ 저야말로　韓国 한국　２０歳 스무살　専攻 전공

何 무엇　〜ですか 입니까?　日本語 일본어　〜さん ~씨　韓国語 한국어　初めて 처음　いいえ 아니요

〜では ありません ~이 아닙니다　三回目 세 번째

24

이토 가오리	처음 뵙겠습니다. 유학생인 이토 가오리입니다.
	저는 일본대학교 1학년이고 19살입니다.
	아무쪼록 잘 부탁드립니다.
이태호	처음 뵙겠습니다. 저는 이태호입니다.
	저야말로 잘 부탁드립니다.
	저는 한국대학교 2학년이고 20살입니다.
이토 가오리	전공은 무엇인가요?
이태호	제 전공은 일본어입니다. 이토 씨는요?
이토 가오리	제 전공은 한국어입니다.
이태호	한국은 처음입니까?
이토 가오리	아니요, 한국은 처음이 아닙니다.
	세 번째입니다.

1 ～は ～です ~은/는 ~입니다

「～は」는 '~은/는'이라는 의미로, 문장의 주제 또는 행동의 주체 등을 나타낸다. 본래 [ha(하)]로 발음하나 조사로 쓰일 때는 [wa(와)]로 발음함에 주의한다. 「～です」는 '~입니다'라는 뜻으로, 「～だ(~이다)」의 정중한 표현이다.

^{わたし}私は ^{だいがくせい}大学生です。 저는 대학생입니다.

^{い とう}伊藤さんは ^{に ほんじん}日本人です。 이토 씨는 일본인입니다.

イ・テホさんは ^{かんこくじん}韓国人です。 이태호 씨는 한국인입니다.

단어
^{だいがくせい}大学生 대학생
^{に ほんじん}日本人 일본인
^{かんこくじん}韓国人 한국인

+ 추가 단어
^{ちゅうごくじん}中国人 중국인　　　　アメリカ^{じん}人 미국인

2 ～は ～ですか ~은/는 ~입니까?

「～です(~입니다)」로 끝나는 문장 끝에 의문사 「～か」를 붙여 의문문을 만들 수 있으며 '~입니까?'라는 의미를 가진다.

^{せんこう}専攻は ^{なん}何ですか。 전공은 무엇입니까?

かおりさんは ^{りゅうがくせい}留学生ですか。 가오리 씨는 유학생입니까?

キムさんは ^{なんねんせい}何年生ですか。 김 씨는 몇 학년입니까?

단어
キム 김<한국 성씨>
^{なんねんせい}何年生 몇 학년

26

3 ～は ～では ありません ~은/는 ~이 아닙니다

「～だ（~이다）」의 부정형은 「～では ない（~이 아니다）」이며 정중하게 「～では ありません（~이 아닙니다）」라고 말할 수 있다. 명사 뒤에 오는 「～では」는 회화체에서 「じゃ」 또는 「じゃあ」라고 말하기도 한다.

私は 大学生では ありません。 저는 대학생이 아닙니다.

イさんは 日本人では ありません。 이 씨는 일본인이 아닙니다.

伊藤さんは 先生じゃ ありません。 이토 씨는 선생님이 아닙니다.

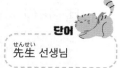

단어
先生 선생님

4 ～で ~이고, ~이며

「～で」는 명사 뒤에 붙어 '~이고, ~이며'라는 뜻을 나타내며, 앞 문장과 뒤 문장을 연결한다.

私は 大学生で、 ２０歳です。 저는 대학생이며 스무살입니다.

伊藤さんは 日本人で、 大学生です。 이토 씨는 일본인이며 대학생입니다.

専攻は 韓国語で、 韓国は 初めてでは ありません。
전공은 한국어이며 한국은 처음이 아닙니다.

5 〜の ~의, ~인, ~의 것

조사「〜の」는 '~의'라는 뜻이며 '명사+の+명사'의 형태로 쓰여 앞의 명사가 뒤의 명사를 수식한다. 소유, 속성, 동격, 명사 대신(~의 것)의 용법으로 쓰인다.

ここは 私の 大学です。 여기는 제 대학교입니다. (소유)

日本語の 先生です。 일본어 선생님입니다. (속성)

こちらは 私の 友達の イ・テホです。

이쪽은 제 친구인 이태호입니다. (동격)

その 本は 私のです。 그 책은 제 것입니다. (명사 대신)

단어

ここ 여기

こちら 이쪽

友達 친구

その 그

本 책

+ 추가 단어 -

ここ 여기	そこ 거기	あそこ 저기	どこ 어디
こちら 이쪽	そちら 그쪽	あちら 저쪽	どちら 어느 쪽

1 보기와 같이 바꿔 써 봅시다.

> 보기
> 伊藤(いとう)さん / 日本人(にほんじん)
> → 伊藤(いとう)さんは 日本人(にほんじん)です。

① 私(わたし) / 学生(がくせい)

→ _____

② イ・テホさん / 韓国人(かんこくじん)

→ _____

단어 　学生(がくせい) 학생

> 보기
> イさんは 大学生(だいがくせい)ですか。
> → はい、大学生(だいがくせい)です。
> → いいえ、大学生(だいがくせい)では ありません。

③ かおりさんは 一年生(いちねんせい)ですか。

→ _____

→ _____

④ イさんは 留学生(りゅうがくせい)ですか。

→ _____

→ _____

단어 　はい 네

キムさん / 私 / 友達

→ <u>キムさん</u>は <u>私</u>の <u>友達</u>です。

⑤ 山田さん / 日本語 / 先生

→ _____

⑥ ここ / 私 / 学校

→ _____

⑦ すし / 日本 / 料理

→ _____

単語 山田 야마다<일본 성씨>　学校 학교　すし 초밥　料理 요리

2 일본어로 바꿔 써 봅시다.

① 제 전공은 일본어입니다.

→ _____

② 한국은 처음이 아닙니다.

→ _____

③ 저 책은 제 것입니다.

→ _____

3 잘 듣고 빈칸을 채워 문장을 완성해 봅시다. 🎵 022.mp3

① (   )。伊藤かおりです。

② 専攻は (   )です。

③ どうぞ (   )。

④ 韓国は (   ) ですか。

4 잘 듣고 지문과 일치하면 O, 일치하지 않으면 X 표를 해 봅시다. 🎵 023.mp3

① (   )   ② (   )   ③ (   )

🎵 024.mp3

보기와 같이 밑줄 친 부분을 알맞은 형태로 바꿔 말해 봅시다.

1

보기

A はじめまして。伊藤かおりです。どうぞ よろしく お願いします。

B イ・テホです。こちらこそ、どうぞ よろしく お願いします。

A イさんの a専攻は b何ですか。

B c日本語です。

① a 趣味　　　　　　　b 何　　　　　　　　c 料理

② a 大学　　　　　　　b どこ　　　　　　　c 韓国大学

③ a 家　　　　　　　　b どこ　　　　　　　c ソウル

단어 趣味 취미　家 집　ソウル 서울<지명>

2

보기

A 伊藤さんは、aここは 初めてですか。

B はい、b初めてです。キムさんは？

A 私は c二回目です。

B ああ、そうですか。

① a 専攻は 英語　　　b 英語　　　　　　　c 日本語

② a 家は 東京　　　　b 東京　　　　　　　c 大阪

③ a 一年生　　　　　　b 一年生　　　　　　c 二年生

단어 二回目 두 번째　ああ 아<감탄사>　そうですか 그렇군요　英語 영어　東京 도쿄<지명>
大阪 오사카<지명>

もんだい1 (　　　)に なにを いれますか。

1・2・3・4から いちばん いいものを ひとつ えらんで ください。

1 私(　　　) 韓国大学の 二年生です。

　　1 の　　　　　2 で　　　　　3 か　　　　　4 は

2 私(　　　) 専攻は 日本語です。

　　1 に　　　　　2 が　　　　　3 の　　　　　4 で

3 伊藤さんは 中国人(　　　) ありません。

　　1 に　　　　　2 には　　　　3 の　　　　　4 では

もんだい2 _____の ことばは どう よみますか。

1・2・3・4から いちばん いいものを ひとつ えらんで ください。

4 私の 趣味は 料理です。

　　1 じみ　　　　2 しゅみ　　　3 じゅび　　　4 しゅうみ

5 山田さんは 先生ですか。

　　1 せんぱい　　2 せんせい　　3 せんもん　　4 せんしゅ

6 イさんの 家は ソウルです。

　　1 いえ　　　　2 うえ　　　　3 りえ　　　　4 いち

일본의 이름과 성씨

일본에서 성과 이름은 고대 황족이나 귀족들이 사용하던 것이었으나 중세와 근세를 지나며 차차 무사나 농민 계층에도 퍼지게 되었다. 근대에 이르러 일반 시민들도 성씨(名字)를 만들어 사용하게 되었는데, 주로 살고 있던 지역의 특징을 따서 만든 경우가 많았다. 예를 들어 밭 근처에 살던 사람은 다나카(田中), 산기슭에 살던 사람은 야마시타(山下)와 같은 식으로 성을 만들어 사용하였다. 일본에는 약 30만 개의 성이 있다고 하는데 그 중 가장 많은 성은 사토(佐藤, 사토우)라고 한다.

한국에서는 보통 상대를 부를 때 성과 이름을 붙여 부르거나 이름만 부르지만, 일본은 '다나카 씨, 야마시타 님'과 같이 성으로 부르는 경우가 많다. 이름만 부르는 건 굉장히 친밀한 사이일 경우이다. 또 한 가지 주의해야 할 점은 일본의 한자는 읽는 방법이 많아 같은 한자를 쓰더라도 발음이 다르거나 같은 발음이어도 다른 한자를 쓰는 경우도 있다. 그래서 처음 만나는 사람의 성씨는 어떻게 읽는지 물어보는 것이 좋다.

▶ 일본 성씨 순위(출처: 名字由来net, https://myoji-yurai.net/)

1	佐藤	11	吉田	21	山崎
2	鈴木	12	山田	22	森
3	高橋	13	佐々木	23	池田
4	田中	14	山口	24	橋本
5	伊藤	15	松本	25	阿部
6	渡辺	16	井上	26	石川
7	山本	17	木村	27	山下
8	中村	18	林	28	中島
9	小林	19	斎藤	29	石井
10	加藤	20	清水	30	小川

かんこく がくしょく
韓国の学食

한국의 학생 식당

학습목표

1 명사의 과거 긍정/부정 표현
2 지시대명사
3 시간 표현

4 조사 が의 용법
5 ～から ～まで
6 열거 표현 「～や」

♬ 025.mp3

伊藤かおり　イさん、学食は どこですか。

イ・テホ　あの 建物が 学食です。

伊藤かおり　そうですか。

ところで ランチタイムは 何時からですか。

イ・テホ　前は 11時から 2時までででしたが、

今は 12時から 2時までです。

今日の ランチメニューは ラーメンや とんかつなどです。

伊藤かおり　ああ、そうですか。

何が 人気メニューですか。

イ・テホ　とんかつは 人気メニューでは ありませんでしたが、

今は 人気メニューです。

伊藤かおり　じゃ、私は とんかつに します。

学食 학생 식당　あの 저　建物 건물　～が ~이/가　ところで 그런데　ランチタイム 점심시간　何時 몇 시

～から ~부터　前 전, 앞　～時 ~시　～まで ~까지　～でした ~이었습니다　～が ~(이)지만　今 지금　今日 오늘

ランチメニュー 점심 메뉴　ラーメン 라멘　～や ~(이)나　とんかつ 돈가스　～など ~등　人気 인기

～では ありませんでした ~이 아니었습니다　じゃ 그럼　～に します ~로 하겠습니다

36

이토 가오리	태호 씨, 학생 식당은 어디인가요?
이태호	저 건물이 학생 식당입니다.
이토 가오리	그렇군요. 그런데 점심시간은 몇 시부터인가요?
이태호	전에는 11시부터 2시까지였는데, 지금은 12시부터 2시까지예요.
	오늘의 점심 메뉴는 라멘이나 돈가스 등입니다.
이토 가오리	아, 그렇군요. 어떤 것이 인기 메뉴인가요?
이태호	돈가스는 인기 메뉴가 아니었지만, 지금은 인기 메뉴예요.
이토 가오리	그럼, 전 돈가스로 할게요.

1 ~でした ~이었습니다

「~です(~입니다)」의 과거형은 「~でした(이었습니다)」로 나타내며 「~では ありません(~아닙니다)」의 과거형은 「~では ありませんでした(~아니었습니다)」로 나타낸다.

<ruby>学食<rt>がくしょく</rt></ruby>の おかずは たくあんでした。 학생 식당의 반찬은 단무지였습니다.

ランチメニューは ラーメンでした。 점심 메뉴는 라면이었습니다.

<ruby>昨日<rt>きのう</rt></ruby>は <ruby>休<rt>やす</rt></ruby>みでは ありませんでした。 어제는 휴일이 아니었습니다.

단어

おかず 반찬

たくあん 단무지

<ruby>昨日<rt>きのう</rt></ruby> 어제

<ruby>休<rt>やす</rt></ruby>み 휴일

2 지시대명사

'이것, 그것, 저것, 어느 것'과 같이 사물의 이름을 밝히지 않고 명사 대신 부르는 말을 지시대명사라고 한다.

이	그	저	어느
この	その	あの	どの
이것	그것	저것	어느 것
これ	それ	あれ	どれ

あの <ruby>建物<rt>たてもの</rt></ruby>が <ruby>学食<rt>がくしょく</rt></ruby>です。 저 건물이 학생 식당입니다.

これが <ruby>英語<rt>えいご</rt></ruby>の <ruby>本<rt>ほん</rt></ruby>です。 이것이 영어 책입니다.

あれが おかずです。 저것이 반찬입니다.

+ 추가 단어

こんな 이런   そんな 그런   あんな 저런   どんな 어떤

3 시간 표현

～時	1時	2時	3時	4時	5時	6時
～시	いちじ	にじ	さんじ	よじ	ごじ	ろくじ
7時	8時	9時	10時	11時	12時	何時
しちじ	はちじ	くじ	じゅうじ	じゅういちじ	じゅうにじ	なんじ

今_{いま}は ９時_{くじ}です。 지금은 9시입니다.

ランチタイムは１１時_{じゅういちじ}からでした。 점심시간은 11시부터였습니다.

英語_{えいご}の 授業_{じゅぎょう}は １０時_{じゅうじ}まででしたか。 영어 수업은 10시까지였나요?

단어

授業_{じゅぎょう} 수업

+ 추가 단어

月曜日_{げつようび} 월요일　　　火曜日_{かようび} 화요일　　　水曜日_{すいようび} 수요일　　　木曜日_{もくようび} 목요일

金曜日_{きんようび} 금요일　　　土曜日_{どようび} 토요일　　　日曜日_{にちようび} 일요일

4 ～が ～이/가

조사 「～が」는 '～이/가'라는 뜻으로, 행위나 동작의 주체, 성질이나 상태 등의 주체를 나타낸다.

それが メニューです。 그것이 메뉴(판)입니다.

この 建物_{たてもの}が 図書館_{としょかん}です。 이 건물이 도서관입니다.

あそこが トイレです。 저기가 화장실입니다.

단어

図書館_{としょかん} 도서관

トイレ 화장실

5 ～から～まで　~에서 ~까지

「～から」는 장소·시간·사람의 시작점이나 출발점을 나타내는 조사로, '~에서'라는 의미이다. 사람을 나타내는 명사 뒤에 왔을 때는 '~에게서, ~(으)로부터'라는 의미를 가진다. 「～まで」는 시간·장소가 끝나는 점을 나타내는 조사로, '~까지'라는 의미이다.

授業は 9時から 6時までです。　수업은 9시부터 6시까지입니다. (시간)

ソウル駅から ここまで 1時間です。　서울역에서 여기까지 1시간입니다. (장소)

友達から 電話が ありました。　친구에게서 전화가 왔었습니다. (사람)

단어

駅 역

時間 시간

電話 전화

ありました
있었습니다

6 ～や　~와/과, ~(이)랑

「～や」는 여러 개 중에서 대표적인 것을 예로 들어 나열할 때 쓰는 조사이다. 그 밖에도 같은 종류의 것이 더 있음을 나타내는 「～など(~등)」와 같이 사용하는 경우가 많다.

ランチメニューは ラーメンや とんかつなどです。　점심 메뉴는 라면이랑 돈가스 등입니다.

授業は 会話や 文法などです。　수업은 회화나 문법 등입니다.

学科は 日本語学科や 英語学科などです。
학과는 일본어학과랑 영어학과 등입니다.

단어

会話 회화

文法 문법

学科 학과

1 보기와 같이 바꿔 써 봅시다.

> 보기　メニュー
>
> ➡ メニューでした ➡ メニューでは ありませんでした

① 友達（ともだち）

➡ _____

② 日本人（にほんじん）

➡ _____

③ 先生（せんせい）

➡ _____

> 보기　家（いえ）/ 学校（がっこう）/ 1時間（いちじかん）
>
> ➡ 家（いえ）から 学校（がっこう）まで 1時間（いちじかん）です。

④ ここ / ソウル駅（えき）/ 2時間（にじかん）

➡ _____

⑤ 11時（じゅういちじ）/ 5時（ごじ）/ 授業（じゅぎょう）

➡ _____

⑥ 土曜日（どようび）/ 日曜日（にちようび）/ 休み（やす）

➡ _____

2 괄호 안의 단어를 참고하여 보기와 같이 바꿔 써 봅시다.

> **보기** どんな メニューが 人気ですか。
>
> → <u>ラーメン</u>や <u>とんかつ</u>などが <u>人気</u>です。 （ラーメン・とんかつ）

① どんな メニューが おすすめですか。

→ _____ （てんぷら・うどん）

② どんな 日本料理が おすすめですか。

→ _____ （すし・さしみ）

③ どんな 専攻が 人気ですか。

→ _____ （英語・日本語）

단어 おすすめ 추천 てんぷら 튀김 うどん 우동 日本料理 일본 요리 さしみ 회

3 일본어로 바꿔 써 봅시다.

① 반찬은 단무지나 김 등입니다.

→ _____

② 이것이 점심 메뉴입니다.

→ _____

③ 점심시간은 12시부터 1시까지입니다.

→ _____

단어 のり 김

4 잘 듣고 빈칸을 채워 문장을 완성해 봅시다. 🎵 026.mp3

① この (　　　　　　　　　　　　　　　　　　) 学食です。

② ランチタイムは (　　　　) (　　　　) ですか。

③ 私は とんかつ (　　　) (　　　)。

5 잘 듣고 지문과 일치하면 O, 일치하지 않으면 X 표를 해 봅시다. 🎵 027.mp3

① (　　　　　　) 　　② (　　　　　　) 　　③ (　　　　　　)

♬ 028.mp3

보기와 같이 밑줄 친 부분을 알맞은 형태로 바꿔 말해 봅시다.

1

보기

A a <u>学食</u>は 何時から 何時までですか。

B b <u>１１時</u>から c <u>２時</u>までです。

① a 図書館　　　　　b 朝９時　　　　　c 夜８時

② a スーパー　　　　b ４時　　　　　　c １１時

③ a あの 店　　　　　b ５時　　　　　　c １２時

단어　朝 아침　夜 밤　スーパー 슈퍼　店 가게

2

보기

A a <u>ランチメニュー</u>は 何でしたか。

B a <u>ランチメニュー</u>は b <u>とんかつ定食</u>でした。

A c <u>おかず</u>は d <u>たくあん</u>でしたか。

B いいえ、d <u>たくあん</u>では ありませんでした。

① a 夕食メニュー　　　　　　　b すし

　 c デザート　　　　　　　　　d りんご

② a 月曜日の 授業　　　　　　　b 英語

　 c 火曜日　　　　　　　　　　d 日本語会話

③ a あの 本　　　　　　　　　　b 先生の 本

　 c あの 傘　　　　　　　　　　d イさんの 傘

단어　定食 정식　夕食 저녁 식사　デザート 디저트, 후식　りんご 사과　傘 우산

44

もんだい1 （　　　）に なにを いれますか。
1・2・3・4から いちばん いいものを ひとつ えらんで ください。

1 今日から 日曜日（　　　）は 休みです。

　　1 の　　　　　　　2 が　　　　　　　3 まで　　　　　　4 は

2 ランチメニューは ラーメン（　　）うどんなどです。

　　1 や　　　　　　　2 の　　　　　　　3 から　　　　　　4 まで

もんだい2 ＿＿＿＿の ことばは どう よみますか。
1・2・3・4から いちばん いいものを ひとつ えらんで ください。

3 あれは 図書館です。

　　1 どしょがん　　　2 としょかん　　　3 としょうかん　　4 どしょうかん

4 学食の メニューは 何ですか。

　　1 がっしゅく　　　2 かいしょく　　　3 がくしき　　　4 がくしょく

もんだい3 ＿＿＿＿の ことばは どう かきますか。
1・2・3・4から いちばん いいものを ひとつ えらんで ください。

5 この たてものが 大学です。

　　1 立物　　　　　　2 建勿　　　　　　3 建物　　　　　　4 健物

6 あれは ソウルえきでは ありませんでした。

　　1 馬　　　　　　　2 伸　　　　　　　3 役　　　　　　　4 駅

일본의 대표적인 음식

일본식 초밥인 스시(すし)는 해산물이나 달걀, 김 등을 초절임 밥에 얹어서 먹는 음식이다. 일본 초밥집에서는 스시의 밥을 샤리(シャリ), 밥 위에 얹는 생선회를 네타(ネタ)라고 부른다. 에도시대(江戸時代, 1603~1868)에 이르러 많은 인기를 끌기 시작했으며 지금과는 달리 당시에는 간단하게 서서 먹고 갈 수 있는 패스트푸드로 사랑을 받았다.

오뎅(おでん)은 한국에서는 주로 어묵만을 뜻하지만, 일본에서 오뎅은 어묵을 비롯하여 무, 다시마, 계란, 유부 등 다양한 식재료를 넣고 간장 베이스의 국물에 끓인 어묵탕을 의미한다. 겨울에는 오뎅 전문점뿐만 아니라 편의점에서도 맛볼 수 있는 별미이다.

스키야키(すき焼き)는 얇게 썬 쇠고기와 쑥갓, 파, 양파, 배추, 버섯 등의 다양한 채소와 두부, 실곤약 등을 함께 넣은 간장, 설탕, 맛술로 만든 국물에 익힌 뒤 날계란에 찍어 먹는 전골 요리이다.

▶ 일본의 대표적인 전골 요리, 스키야키

LESSON

4

はな み
花見

꽃구경

학습목표

伊藤かおり　花見の 季節ですね。
韓国の 桜は どこが 有名ですか。

イ・テホ　ヨイドが きれいで 有名です。

――――――――――― ヨイドで ―――――――――――

伊藤かおり　わあ、とても きれいな 桜ですね。
ところで あれは 何ですか。

イ・テホ　あれは 屋台です。おでんや トッポキなどが おいしいですよ。
伊藤さんは トッポキが 好きですか。

伊藤かおり　トッポキは あまり 好きじゃ ないです。

イ・テホ　辛いものは 苦手ですか。

伊藤かおり　はい、辛いものは ちょっと……。

단어

花見 꽃구경　季節 계절　～ですね ~이네요　桜 벚꽃　有名だ 유명하다　ヨイド 여의도<지명>
きれいだ 예쁘다, 깨끗하다　～で ~하고<な형용사의 연결형>　～で ~에서　わあ 와<감탄사>　とても 매우, 무척
屋台 포장마차　おでん 어묵　トッポキ 떡볶이　おいしいです 맛있어요　好きだ 좋아하다　あまり 그다지, 별로
～じゃ ない ~하지 않는다　辛いもの 매운 것　苦手だ 싫어하다, 서투르다　ちょっと 조금

48

| 이토 가오리 | 꽃구경의 계절이네요. 한국의 벚꽃은 어디가 유명한가요? |
| 이태호 | 여의도가 예쁘고 유명합니다. |

여의도에서

이토 가오리	와, 굉장히 예쁜 벚꽃이네요. 그런데 저건 무엇인가요?
이태호	저건 포장마차입니다. 어묵이나 떡볶이 등이 맛있어요.
	이토 씨는 떡볶이를 좋아하나요?
이토 가오리	떡볶이는 별로 좋아하지 않아요.
이태호	매운 것을 잘 못 먹나요?
이토 가오리	네, 매운 것은 조금⋯⋯.

1 な형용사

な형용사는 사물의 성질이나 상태 또는 감정·감각을 나타내며 기본형은 「～だ(～이다)」로 끝난다. 명사를 수식할 때 「～な」의 형태를 띠기 때문에 'な형용사'라 부르며 형용동사라고도 한다.

기본형	정중형	명사수식형	연결형	부정형
<ruby>有名<rt>ゆうめい</rt></ruby>だ 유명하다	<ruby>有名<rt>ゆうめい</rt></ruby>です	<ruby>有名<rt>ゆうめい</rt></ruby>な	<ruby>有名<rt>ゆうめい</rt></ruby>で	<ruby>有名<rt>ゆうめい</rt></ruby>では ありません
<ruby>便利<rt>べんり</rt></ruby>だ 편리하다	<ruby>便利<rt>べんり</rt></ruby>です	<ruby>便利<rt>べんり</rt></ruby>な	<ruby>便利<rt>べんり</rt></ruby>で	<ruby>便利<rt>べんり</rt></ruby>では ありません
<ruby>親切<rt>しんせつ</rt></ruby>だ 친절하다	<ruby>親切<rt>しんせつ</rt></ruby>です	<ruby>親切<rt>しんせつ</rt></ruby>な	<ruby>親切<rt>しんせつ</rt></ruby>で	<ruby>親切<rt>しんせつ</rt></ruby>では ありません
<ruby>上手<rt>じょうず</rt></ruby>だ 잘하다	<ruby>上手<rt>じょうず</rt></ruby>です	<ruby>上手<rt>じょうず</rt></ruby>な	<ruby>上手<rt>じょうず</rt></ruby>で	<ruby>上手<rt>じょうず</rt></ruby>では ありません
<ruby>元気<rt>げんき</rt></ruby>だ 기운차다	<ruby>元気<rt>げんき</rt></ruby>です	<ruby>元気<rt>げんき</rt></ruby>な	<ruby>元気<rt>げんき</rt></ruby>で	<ruby>元気<rt>げんき</rt></ruby>では ありません

2 な형용사의 정중형

な형용사를 정중하게 표현할 때는 기본형의 어미 「～だ」를 「～です」로 바꿔 '~합니다'의 의미를 나타낸다.

<ruby>中村<rt>なかむら</rt></ruby>さんは <ruby>親切<rt>しんせつ</rt></ruby>です。 나카무라 씨는 친절합니다.

ヨイドの <ruby>桜<rt>さくら</rt></ruby>は きれいです。 여의도의 벚꽃은 예쁩니다.

<ruby>韓国<rt>かんこく</rt></ruby>の <ruby>地下鉄<rt>ちかてつ</rt></ruby>は <ruby>便利<rt>べんり</rt></ruby>です。 한국 지하철은 편리합니다.

단어

<ruby>中村<rt>なかむら</rt></ruby> 나카무라
<일본 성씨>

<ruby>地下鉄<rt>ちかてつ</rt></ruby> 지하철

3 な형용사의 부정형

な형용사의 부정형은 기본형의 어미「～だ」를「～では ない(~하지 않다)」로 바꿔 표현한다. 정중하게 표현할 때는「～では ない」를「～では ありません(~하지 않습니다)」혹은「～では ないです」라고 표현한다. 여기서「～では」는「～じゃ」로 줄여 말하기도 한다.

さしみは 好きでは ありません。 회는 좋아하지 않습니다.

英語は 上手では ないです。 영어는 잘하지 않습니다.

学校は 静かじゃ ないです。 학교는 조용하지 않습니다.

단어
好きだ 좋아하다
静かだ 조용하다

4 な형용사의 연결형

な형용사의 연결형은 기본형의 어미「～だ」를「～で」로 바꿔서 표현하며 '~하고, ~하여, ~하여서' 등의 의미를 가진다.

あの 人は 親切で まじめです。 저 사람은 친절하고 성실합니다.

彼女は おしゃれで すてきです。 그녀는 세련되고 멋집니다.

あの 山は きれいで 有名です。 저 산은 아름답고 유명합니다.

단어
人 사람
まじめだ 성실하다
彼女 그녀
おしゃれだ 세련되다
すてきだ 멋지다
山 산

5 　な형용사의 명사수식형

な형용사가 뒤에 오는 명사를 수식할 때는 기본형의 어미「〜だ」를「〜な」로 바꿔 표현하며 '〜한'의 의미를 가진다. 단, 「同じだ(같다)」와 같은 な형용사는 예외적으로 「同じ本(같은 책)」과 같이 「〜な」를 붙이지 않고 명사를 수식한다.

イさんは ハンサムな 人です。 이 씨는 잘생긴 사람입니다.

キムさんは 有名な 医者です。 김 씨는 유명한 의사입니다.

韓国は 安全な 国です。 한국은 안전한 나라입니다.

今日は 昨日と 同じメニューです。 오늘은 어제와 같은 메뉴입니다.

단어

同じだ 같다

ハンサムだ 잘생기다

医者 의사

安全だ 안전하다

国 나라

〜と 〜와/과

6 　종조사 〜よ・〜ね

종조사 「〜よ」는 문장 끝에 붙여 화자가 알고 있는 정보를 청자에게 전달할 때 사용한다. 종조사 「〜ね」는 문장 끝에 붙여 화자와 청자 모두가 알고 있는 정보에 대해서 서로 동의하거나 확인할 때 사용한다.

ソウルは 交通が 便利な ところですよ。 서울은 교통이 편리한 곳입니다.

地下鉄は 安全で 便利ですよ。 지하철은 안전하고 편리해요.

今日は いい 天気ですね。 오늘은 좋은 날씨군요.

단어

交通 교통

ところ 곳

いい 天気 좋은 날씨

1 보기와 같이 바꿔 써 봅시다.

> 보기
> まじめだ
> → <u>まじめです</u>

① 静かだ

→ _____

② にぎやかだ

→ _____

③ 下手だ

→ _____

단어 にぎやかだ 번화하다, 떠들썩하다   下手だ 서투르다

> 보기
> 彼は まじめです。
> → <u>彼は まじめでは ありません。</u>
> → <u>彼は まじめじゃ ないです。</u>

④ あの 先輩は 親切です。

→ _____

→ _____

⑤ 私の 友達は 料理が 上手です。

→ _____

→ _____

⑥ あの 海 / きれいだ / 有名だ

→ _____

⑦ 彼女 / おしゃれだ / 元気だ

→ _____

⑧ 地下鉄 / 静かだ / 便利だ

→ _____

⑨ 京都 / きれいだ / まち

→ _____

⑩ 彼 / 元気だ / 人

→ _____

⑪ あの 建物 / 安全だ / ところ

→ _____

2　일본어로 바꿔 써 봅시다.

① 여의도의 벚꽃은 아름답습니다.

→ _____

② 저 사람은 유명한 가수입니다.

→ _____

③ 저 지하철은 안전하고 편리합니다.

→ _____

3　잘 듣고 빈칸을 채워 문장을 완성해 봅시다.　🎵 030.mp3

① 学校^{がっこう}は (　　　　　　　　　　　) 静^{しず}かです。

② ソウル駅^{えき}は (　　　　　　　　　　) ところです。

③ テニスは あまり (　　　　　　　　　　)です。

단어　テニス 테니스

4　잘 듣고 지문과 일치하면 O, 일치하지 않으면 X 표를 해 봅시다.　🎵 031.mp3

① (　　　　　)　② (　　　　　)　③ (　　　　　)

보기와 같이 밑줄 친 부분을 알맞은 형태로 바꿔 말해 봅시다.

1

보기

A a 桜は どこが 一番 b 有名ですか。

B c ヨイドが 一番 b 有名ですよ。

① a 景色   b きれいだ   c 東京タワー

② a 大阪   b 人気だ   c 大阪城

③ a 買い物   b 便利だ   c 市場

단어 一番 가장, 제일　景色 풍경　東京タワー 도쿄타워　大阪城 오사카성　買い物 쇼핑
市場 시장

2

보기

A とても a きれいな b 桜ですね。

B ええ、あの b 桜は 本当に a きれいで、c すてきです。

① a きれいだ   b まち   c おしゃれ

② a すてきだ   b 店   c きれいだ

③ a 親切だ   b 人   c まじめだ

단어 ええ 네　本当に 정말로

もんだい1 (　　　)に なにを いれますか。

1・2・3・4から いちばん いいものを ひとつ えらんで ください。

1 ソウルは 交通が (　　　)ところですよ。

1 便利　　　　　2 便利の　　　　　3 便利な　　　　　4 便利に

2 日本語は 上手(　　　) ないです。

1 に　　　　　2 の　　　　　3 じゃ　　　　　4 な

もんだい2 ＿＿＿＿の ことばは どう よみますか。

1・2・3・4から いちばん いいものを ひとつ えらんで ください。

3 私は 料理が 下手です。

1 べだ　　　　　2 へた　　　　　3 へだ　　　　　4 べた

4 屋台の おでんは おいしいです。

1 やだい　　　　　2 ゆだい　　　　　3 やんたい　　　　　4 やたい

もんだい3 ＿＿＿＿の ことばは どう かきますか。

1・2・3・4から いちばん いいものを ひとつ えらんで ください。

5 韓国の ちかてつは 安全です。

1 地下鉄　　　　　2 地上鉄　　　　　3 他上鉄　　　　　4 他下鉄

6 かのじょは まじめで 親切ですね。

1 彼氏　　　　　2 皮生　　　　　3 皮汝　　　　　4 彼女

일본의 봄을 즐기는 풍습, 하나미

일본어 하나미(花見)는 꽃구경이라는 뜻으로, 주로 봄에 벚꽃을 감상하면서 봄이 오는 것을 축하하는 풍습을 의미한다. 하나미는 중세 일본에서 천황이나 귀족들이 꽃이 만개한 나무 아래에서 술을 마시거나 시를 읊으며 즐기던 귀족적인 문화였는데, 근세로 넘어오면서 벚나무를 많이 심고 서민들에게도 하나미를 장려하면서 널리 퍼지게 되었다. 사람들은 만개한 벚나무 아래에 자리를 잡고 꽃을 감상하면서 음식과 술 등을 즐긴다.

일본 기상청에서는 각 지역별로 벚꽃이 필 것으로 예상되는 시기를 정리한 그림을 사쿠라전선(桜前線)이라고 한다.

▶ 일본의 전통 옷을 입고 꽃놀이를 즐기는 사람들

プ サン りょ こう
釜山旅行

부산 여행

1 な형용사의 과거형

2 な형용사의 과거 부정형

3 ～が 好きだ・嫌いだ

4 조사 も의 용법

학습목표

♬ 033.mp3

イ・テホ　伊藤さんは 旅行が 好きですか。

伊藤かおり　はい、好きです。

イ・テホ　じゃ、週末に 一緒に 釜山旅行は どうですか。

伊藤かおり　いいですね。釜山は 何が 有名ですか。

イ・テホ　昔は チャガルチ市場が 有名でしたが、
　　　　　最近は 海雲台ブルーラインパークが 有名です。

伊藤かおり　わあ、楽しみです。

イ・テホ　伊藤さんは さしみが 好きですか。

伊藤かおり　はい、昔は 生ものが あまり 好きでは ありませんでした。
　　　　　でも 今は 好きです。イさんは？

イ・テホ　私も さしみが 好きです。

단어

旅行 여행　週末 주말　～に ~에　一緒に 같이, 함께　釜山 부산<지명>　どうですか 어떤가요?　いいですね 좋네요
昔 옛날　チャガルチ市場 자갈치 시장　～でした ~이었습니다　最近 최근　海雲台 해운대<지명>
ブルーラインパーク 블루라인파크　楽しみ 기대함　生もの 날것　～では ありませんでした ~하지 않았습니다
でも 그래도　～も ~도

60

이태호	이토 씨는 여행을 좋아하나요?
이토 가오리	네, 좋아해요.
이태호	그러면 주말에 함께 부산 여행은 어떤가요?
이토 가오리	좋네요. 부산은 뭐가 유명한가요?
이태호	옛날엔 자갈치 시장이 유명했었는데,
	최근엔 해운대 블루라인파크가 유명해요.
이토 가오리	와, 기대되네요.
이태호	이토 씨는 회를 좋아하세요?
이토 가오리	네, 옛날엔 날것을 그다지 좋아하지 않았습니다.
	그래도 지금은 좋아해요. 태호 씨는요?
이태호	저도 회를 좋아해요.

1 な형용사의 과거형

な형용사의 과거형은 기본형의 어미「～だ」를「～だった(~했다)」로 바꿔 표현한다. 정중하게 표현할 때는
기본형의 어미「～だ」를「～でした」로 바꿔 '~했습니다'의 의미를 나타낼 수 있으며 의문사「～か」를 붙여
의문문을 나타낼 수도 있다.

기본형	부사형	과거형	과거부정형
好^すきだ 좋아하다	好^すきに	好^すきでした	好^すきでは ありませんでした
必要^{ひつよう}だ 필요하다	必要^{ひつよう}に	必要^{ひつよう}でした	必要^{ひつよう}では ありませんでした
静^{しず}かだ 조용하다	静^{しず}かに	静^{しず}かでした	静^{しず}かでは ありませんでした

今日^{きょう}の メニューは 昨日^{きのう}と 同^{おな}じだった。 오늘 메뉴는 어제와 똑같았다.

イさんは 元気^{げんき}でした。 이 씨는 건강했습니다.

昨日^{きのう}の テストは 簡単^{かんたん}でしたか。 어제 시험은 간단했나요?

단어

テスト 테스트, 시험
簡単^{かんたん}だ 간단하다

2 な형용사의 과거 부정형

な형용사의 과거 부정형은 기본형의 어미「～だ」를「～では なかった(~하지 않았다)」로 바꿔 표현한다.
정중하게 표현할 때는 기본형의 어미「～だ」를「～では ありませんでした」로 바꿔 '~하지 않았습니다'의
의미를 나타낼 수 있다.

その 傘^{かさ}は 丈夫^{じょうぶ}では なかった。 그 우산은 튼튼하지 않았다.

教室^{きょうしつ}は 静^{しず}かでは ありませんでした。 교실은 조용하지 않았습니다.

お金^{かね}は 必要^{ひつよう}では ありませんでした。 돈은 필요하지 않았습니다.

단어

丈夫^{じょうぶ}だ 튼튼하다

教室^{きょうしつ} 교실

お金^{かね} 돈

3 **〜が 好きだ・嫌いだ** ~을/를 좋아하다, 싫어하다

「好きだ(좋아하다)」, 「嫌いだ(싫어하다)」 등의 な형용사가 문장의 서술어로 쓰여 '~을/를 좋아하다, 싫어하다'라는 의미를 나타낼 때는 주어인 명사 뒤에 「〜を(~을/를)」가 아닌 격조사 「〜が(~이/가)」가 온다. 「得意だ(잘하다)」, 「苦手だ(서투르다)」, 「上手だ(잘하다)」, 「下手だ(못하다)」 등의 な형용사도 마찬가지이다.

静かな まちが 好きです。 조용한 거리를 좋아합니다.

私は 魚が 嫌いです。 저는 생선을 싫어합니다.

山田さんは 運動が 得意です。 야마다 씨는 운동을 잘합니다.

私は 料理が 苦手です。 저는 요리를 잘 못합니다.

단어

魚 생선, 물고기

嫌いだ 싫어하다

山田 야마다<일본 성씨>

運動 운동

得意だ 잘하다

苦手だ 싫어하다, 서투르다

4 **〜も** ~도

조사 も는 '~도'라는 의미로, 명사 뒤에 붙어 어떤 것이 포함되고 그 위에 더함을 나타내는 조사이다.

私も いろいろな 日本料理が 大好きです。

저도 다양한 일본 요리를 매우 좋아합니다.

海雲台の 海も きれいでした。 해운대 바다도 예뻤습니다.

まちが きれいで、市場も にぎやかでした。

거리가 깨끗하고 시장도 활기찼습니다.

단어

いろいろだ 다양하다

大好きだ 매우 좋아하다

1 보기와 같이 바꿔 써 봅시다.

> **보기** きれいだ
> → <u>きれいだった</u>

① まじめだ

➜ _____

② 便利
<small>べん り</small>
だ

➜ _____

③ にぎやかだ

➜ _____

> **보기** きれいだ
> → <u>きれいでは なかった</u>

④ 好
<small>す</small>
きだ

➜ _____

⑤ 元気
<small>げん き</small>
だ

➜ _____

⑥ 静
<small>しず</small>
かだ

➜ _____

보기	きれいだ
	→ <u>きれいでした</u>

⑦ 嫌^{きら}いだ

→ _____

⑧ 必要^{ひつよう}だ

→ _____

⑨ 簡単^{かんたん}だ

→ _____

보기	きれいだ
	→ <u>きれいでは ありませんでした</u>

⑩ 同^{おな}じだ

→ _____

⑪ 丈夫^{じょうぶ}だ

→ _____

⑫ 親切^{しんせつ}だ

→ _____

私 / すし / 好きだ

→ 私は すしが 好きです。

⑬ イさん / 歌 / 得意だ

→ _____

⑭ 私 / 漢字 / 苦手だ

→ _____

⑮ 僕 / ダンス / 下手だ

→ _____

단어 漢字 한자 僕 나 ダンス 댄스, 춤

ソウル駅 / にぎやかだ

→ ソウル駅も にぎやかです。

⑯ 釜山 / 有名だ

→ _____

⑰ 山田さん / 元気だ

→ _____

⑱ 桜 / 好きだ

→ _____

2 일본어로 바꿔 써 봅시다.

① 주말의 여행은 어땠나요?

→ _____

② 시장은 활기차고 바다도 예뻤습니다.

→ _____

③ 김 씨는 다양한 일본 요리를 좋아합니다.

→ _____

3 잘 듣고 빈칸을 채워 문장을 완성해 봅시다. 🎵 034.mp3

① 伊藤さんは (　　　　　　　　　　　　　　) 好きですか。

② この まちは 昔は にぎやか (　　　　　　　　　　　　)でした。

③ 英語の テストは (　　　　　　　　　)。

④ 昨日(　) 今日(　)メニューは 同じ(　　　　　)。

4 잘 듣고 지문과 일치하면 O, 일치하지 않으면 X 표를 해 봅시다. 🎵 035.mp3

① (　　　　　)　　② (　　　　　)　　③ (　　　　　)

♬ 036.mp3

보기와 같이 밑줄 친 부분을 알맞은 형태로 바꿔 말해 봅시다.

1

보기

A a <u>山田</u>さんは b <u>元気</u>でしたか。

B はい、b <u>元気</u>でした。そして c <u>鈴木</u>さんも b <u>元気</u>でした。

① a 新幹線　　　　　b 便利だ　　　　　c 電車

② a 歌　　　　　　　b 上手だ　　　　　c ダンス

③ a あの 傘　　　　b 丈夫だ　　　　　c いす

단어 　そして 그리고　鈴木 스즈키<일본 성씨>　新幹線 신칸센(일본의 고속 철도)　電車 전철　歌 노래
いす 의자

2

보기

A 昔、a <u>イ</u>さんは b <u>まじめ</u>でしたか。

B いいえ、b <u>まじめ</u>では ありませんでした。

でも 今は b <u>まじめ</u>です。

① a 日本語の テスト　　　　　　b 簡単だ

② a あの 歌手　　　　　　　　　b 有名だ

③ a 仕事　　　　　　　　　　　　b 楽だ

단어 　仕事 일　楽だ 편하다

もんだい1 (　　　　)に なにを いれますか。
　　　　1・2・3・4から いちばん いいものを ひとつ えらんで ください。

1　　すしは 好きでは ありません(　　　)。

　　　　1 です　　　　　　2 でした　　　　　　3 ます　　　　　　4 ました

2　　私は ダンス(　　　) 得意でした。

　　　　1 で　　　　　　2 を　　　　　　3 が　　　　　　4 の

もんだい2 ＿＿＿＿＿の ことばは どう よみますか。
　　　　1・2・3・4から いちばん いいものを ひとつ えらんで ください。

3　　魚は あまり 好きでは ありません。

　　　　1 さきな　　　　2 さがな　　　　3 きかな　　　　4 さかな

4　　市場も にぎやかな ところです。

　　　　1 いちじょう　　2 いちば　　　3 しちょう　　　4 じじょう

もんだい3 ＿＿＿＿＿の ことばは どう かきますか。
　　　　1・2・3・4から いちばん いいものを ひとつ えらんで ください。

5　　昨日の 山田さんは げんきでした。

　　　　1 元気　　　　　2 元汽　　　　　3 云汽　　　　　4 去気

6　　りょこうは どうでしたか。

　　　　1 放行　　　　　2 放伝　　　　　3 旅行　　　　　4 旅伝

일본 열차 여행의 즐거움, 에키벤

에키벤(駅弁)은 일본어로 '역'을 의미하는 '에키(駅)'와 도시락을 뜻하는 '벤토(弁当)'에서 따온 말로, 일본의 철도역에서 파는 도시락을 의미하며 19세기 후반부터 팔기 시작한 것으로 알려져 있다. 초기에는 바빠서 제대로 된 식사를 할 여유가 없는 여행객이 열차로 이동하는 동안 먹을 수 있는 도시락의 개념이었다. 그러나 점차 시간이 지나면서 각 지역의 특산물을 활용하여 만든 도시락이 인기를 끌고 지역 활성화에 도움이 되는 하나의 관광 상품으로 자리 잡게 되었다. 그래서 일본의 에키벤은 지역마다 특색이 있는 것이 특징이다.

보통 에키벤의 가격은 800~2000엔 정도이며, 다른 지역과의 차별화를 위해 지역별로 많은 노력을 기울이고 있다. 덕분에 일본 각지의 에키벤을 먹으려 여행을 하는 여행객들도 생길 정도이다. 뿐만 아니라 각종 언론에서 전국 에키벤 인기 랭킹을 발표하기도 한다. 이처럼 에키벤은 긴 시간 떠나는 철도 여행에서 재미있는 먹거리이자 관광 상품으로서 많은 사랑을 받고 있다.

▶ 열차 안에서 즐기는 도시락(에키벤)

買い物
か　　　もの

쇼핑

학습목표

회화

 ♬ 037.mp3

店員（てんいん）　いらっしゃいませ。

伊藤（いとう）かおり　あの 白（しろ）い ジャケット、かわいいですね。

店員（てんいん）　はい、かわいくて とても 人気（にんき）ですよ。

―――――――――――― 試着室（しちゃくしつ）の 前（まえ）で ――――――――――――

店員（てんいん）　サイズは どうですか。

伊藤（いとう）かおり　少（すこ）し 大（おお）きいです。もう少（すこ）し 小（ちい）さい サイズを お願（ねが）いします。

店員（てんいん）　はい、こちらです。

伊藤（いとう）かおり　ちょうど いいです。

店員（てんいん）　おしゃれで、値段（ねだん）も 安（やす）いですよ。

伊藤（いとう）かおり　そうですね。あまり 高（たか）く ないですね。
　　　　　　　じゃ、この ジャケットと あの 帽子（ぼうし）を お願（ねが）いします。

店員（てんいん）　はい、わかりました。ありがとうございます。

단어

店員（てんいん）점원　いらっしゃいませ 어서 오세요　白（しろ）い 하얗다　ジャケット 재킷　かわいい 귀엽다　～くて ~하고, ~해서
試着室（しちゃくしつ）탈의실　サイズ 사이즈, 크기　少（すこ）し 조금　大（おお）きい 크다　もう少（すこ）し 조금 더　小（ちい）さい 작다　ちょうど 딱
いい 좋다　値段（ねだん）가격　安（やす）い 싸다　高（たか）い 높다, 비싸다　～くない ~하지 않다　帽子（ぼうし）모자　わかりました 알겠습니다
ありがとうございます 감사합니다

점원	어서 오세요.
이토 가오리	저 하얀 재킷 귀엽네요.
점원	네, 귀여워서 무척 인기가 많아요.

·· 탈의실 앞에서 ··

점원	사이즈는 어떠신가요?
이토 가오리	조금 크네요. 조금 더 작은 사이즈를 주세요.
점원	네, 여기 있습니다.
이토 가오리	딱 좋아요.
점원	세련되고 가격도 저렴합니다.
이토 가오리	그렇네요. 그다지 비싸지 않네요. 그럼 이 재킷과 저 모자를 주세요.
점원	네, 알겠습니다. 감사합니다.

문형 포인트

1 い형용사

い형용사는 사물의 성질이나 상태 등을 나타내는 서술어로, 기본형은 「～い」로 끝난다. 활용을 하는 자립어로서 단독으로 쓰일 수 있다.

기본형	정중형	명사수식형	연결형	부정형
おいしい 맛있다	おいしいです	おいしい	おいしくて	おいしく ありません
かわいい 귀엽다	かわいいです	かわいい	かわいくて	かわいく ありません
近い 가깝다	近いです	近い	近くて	近く ありません
大きい 크다	大きいです	大きい	大きくて	大きく ありません
いい・よい 좋다	いいです	いい	よくて	よく ありません

2 い형용사의 정중형

い형용사를 정중하게 표현할 때는 기본형의 어미 「～い」 뒤에 「～です(~입니다)」를 붙여 표현한다.

あの 店の 料理は おいしいです。 저 가게 요리는 맛있습니다.

日本語の 授業は おもしろいです。 일본어 수업은 재미있습니다.

新しい 携帯電話は 高いです。 새로운 휴대 전화는 비쌉니다.

단어

おもしろい 재미있다
新しい 새롭다
携帯電話 휴대 전화

3 い형용사의 부정형

い형용사의 부정형은 기본형의 어미 「〜い」를 「〜く」로 고친 다음 「ない」를 붙여 「〜く ない(~하지 않다)」
와 같이 표현한다. 필요에 따라 조사 「〜は(~은/는)」나 「〜も(~도)」를 넣어 「〜くはない(~하지는 않다)」,
「〜くもない(~하지도 않다)」와 같이 표현할 수 있다. 정중하게 표현할 때는 「〜くない」를 「〜くないです(~
하지 않습니다)」 혹은 「〜く ありません(~하지 않습니다)」으로 표현한다.

ここから 学校は 遠く ない。 여기서부터 학교는 멀지 않다.

あの 店の シャツは 高く ないです。 저 가게의 셔츠는 비싸지 않습니다.

日本語の テストは 難しく ありません。 일본어 시험은 어렵지 않습니다.

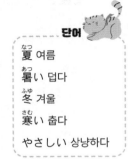

단어

遠い 멀다

シャツ 셔츠

難しい 어렵다

4 い형용사의 연결형

い형용사의 연결형은 기본형의 어미 「〜い」를 「〜くて」로 바꿔서 표현하며 '~하고, ~해서(이유)' 등의
의미를 가진다.

この ジャケットは 安くて サイズも いいです。 이 재킷은 싸고 사이즈도 좋습니다.

京都の 夏は 暑くて 冬は 寒いです。 교토의 여름은 덥고 겨울은 춥습니다.

あの 日本語の 先生は やさしくて 人気です。

저 일본어 선생님은 상냥해서 인기가 있습니다.

단어

夏 여름

暑い 덥다

冬 겨울

寒い 춥다

やさしい 상냥하다

5 い형용사의 명사수식형

단어

^{ちい}
小さい 작다

ドラマ 드라마

^{あか}
赤い 빨갛다

スカート 스커트, 치마

い형용사는 뒤에 오는 명사를 수식할 때 기본형으로 수식한다.

もう少し 小さい サイズを お願いします。 좀 더 작은 사이즈를 주세요.

日本の おもしろい ドラマが 好きです。 일본의 재밌는 드라마를 좋아합니다.

あの 赤い スカート、かわいいですね。 저 빨간 치마 귀엽네요.

+ 추가 단어 -

^{あお}
青い 파랗다

6 ～と   ~와/과

조사 と는 여러 단어를 나열하거나 동작을 같이 하는 대상을 나타낼 때 사용한다.

この ジャケットと あの 帽子を お願いします。
이 재킷과 저 모자를 주세요.(나열)

この 店は ラーメンと とんかつが おいしいです。
이 가게는 라면과 돈가스가 맛있습니다.(나열)

友達と 一緒に 映画を 見ます。 친구와 같이 영화를 봅니다.(대상)

단어

^{えい が}
映画 영화

^み
見ます 봅니다

76

1 보기와 같이 바꿔 써 봅시다.

> 보기　この 本 / おもしろい
>
> → <u>この 本</u>は <u>おもしろい</u>です。

① 先生 / やさしい

→ _____

② 白い ジャケット / 高い

→ _____

> 보기
> この ズボンは 高い。
> → <u>この ズボンは 高く ありません</u>。
> → <u>この ズボンは 高く ないです</u>。

③ この 服は 大きい。

→ _____

→ _____

④ その 靴は デザインが いい。

→ _____

→ _____

단어 ズボン 바지　服 옷　靴 구두, 신발　デザイン 디자인

あの 店は 安い。あの 店は おいしい。

→ <u>あの 店は 安くて おいしいです。</u>

⑤ 高速バスは 大きい。高速バスは 速い。

→ _____

⑥ 彼女は やさしい。彼女は かわいい。

→ _____

⑦ この 帽子は 小さい。この 帽子は 高い。

→ _____

단어 高速バス 고속버스 速い (속도가) 빠르다

ここ / おいしい / 店

→ <u>ここは おいしい 店です。</u>

⑧ これ / 高い / 靴

→ _____

⑨ あれ / 重い / かばん

→ _____

⑩ それ / 新しい / ドラマ

→ _____

단어 重い 무겁다 かばん 가방

2 일본어로 바꿔 써 봅시다.

① 이 치마와 구두는 귀엽고 가격이 쌉니다.

➜ _____

② 저 파란 재킷은 그다지 비싸지 않습니다.

➜ _____

③ 조금 더 큰 사이즈를 주세요.

➜ _____

3 잘 듣고 빈칸을 채워 문장을 완성해 봅시다. 🎵 038.mp3

① ここから 学校は (   )です。

② ソウルの 夏は (   ) 冬は (   )です。

③ あの (   )、かわいいですね。

④ この 靴 (   ) ズボンは (   )。

4 잘 듣고 지문과 일치하면 O, 일치하지 않으면 X 표를 해 봅시다. 🎵 039.mp3

① (   )   ② (   )   ③ (   )

보기와 같이 밑줄 친 부분을 알맞은 형태로 바꿔 말해 봅시다.

1

보기

A この a 服と b かばんは c かわいいですね。

B ええ、そうですね。

A その b かばんは d 重いですか。

B いいえ、あまり d 重く ないです。

① a 帽子　　　　　　　　　　　b 靴
　 c 高い　　　　　　　　　　　d 安い

② a ズボン　　　　　　　　　　b スカート
　 c 長い　　　　　　　　　　　d 短い

③ a 店　　　　　　　　　　　　b 山
　 c 遠い　　　　　　　　　　　d 近い

단어　長い 길다　短い 짧다

2

보기

A a この 店の 服は b 安いですね。

B そうですね。

　 a この 店の 服は とても b 安くて c かわいいです。

① a この パン屋の パン　　b おいしい　　c 安い

② a あの 人気 アイドル　　b かわいい　　c やさしい

③ a 新幹線　　　　　　　　b 速い　　　　c 長い

단어　パン屋 빵집　パン 빵　アイドル 아이돌

もんだい1 (　　　)に なにを いれますか。

1・2・3・4から いちばん いいものを ひとつ えらんで ください。

1 日本語の 先生は (　　　) 親切です。

　1 やさしい　　　　2 やさしくて　　　3 やさしな　　　4 やさしで

2 あの (　　　) ジャケット、いいですね。

　1 白いの　　　　　2 白いな　　　　　3 白い　　　　　4 白いに

もんだい2 ＿＿＿＿＿の ことばは どう よみますか。

1・2・3・4から いちばん いいものを ひとつ えらんで ください。

3 この パン屋は 値段も 安いです。

　1 ねたん　　　　　2 ねだん　　　　　3 ちだん　　　　　4 かかく

4 この 服は 新しく ありません。

　1 あたらしく　　　2 あたさしく　　　3 あだらしく　　　4 あたしく

もんだい3 ＿＿＿＿＿の ことばは どう かきますか。

1・2・3・4から いちばん いいものを ひとつ えらんで ください。

5 日本語の テストは とても むずかしいです。

　1 誰い　　　　　　2 誰しい　　　　　3 難い　　　　　　4 難しい

6 ソウルの なつは いつも 暑いです。

　1 厚　　　　　　　2 厦　　　　　　　3 真　　　　　　　4 夏

일본의 축제, 마쓰리

일본어 마쓰리(祭り)는 축제라는 뜻으로, 교토의 기온마쓰리(祇園祭り), 오사카의 덴진마쓰리(天神祭り), 도쿄의 간다마쓰리(神田祭り)가 일본의 3대 마쓰리로 꼽힌다. 일본의 마쓰리 중에는 신사에서 모시는 신에게 제사를 지내던 종교적 행사에서 시작된 마쓰리가 많아 신사가 주관하기도 한다.

많은 사람들이 몰리는 큰 행사인 만큼 행사장에 각종 노점들이 나와 야키소바(焼きそば), 다코야키(たこ焼き) 등 맛있는 음식을 팔거나 여러 기념품을 팔기도 한다. 그리고 여름 마쓰리에서는 불꽃놀이나 금붕어 건지기 놀이(金魚すくい), 요요 낚시(ヨーヨー釣り) 등도 즐길 수 있으며 전통 의상 유카타(ゆかた)를 입고 즐기기도 한다.

▶ 유카타를 입고 요요 낚시를 즐기는 사람들

家探し
いえ さが

집 찾기

학습목표

1 い형용사의 과거형　　　　4 역접 표현 が

2 い형용사의 과거 부정형　　5 숫자 세기

3 ～が ほしい

イ・テホ	昨日の 家探しは どうでしたか。
伊藤かおり	初めての 家探しは 大変でした。
イ・テホ	そうですか。じゃ、一緒に 探しましょう。

イ・テホ	さっきの 家は どうでしたか。
伊藤かおり	部屋は 広くて よかったですが、家賃は 安くなかったです。
イ・テホ	じゃ、どんな 家が いいですか。
伊藤かおり	駅から バスで 5分 以内で、家賃が あまり 高くない ワンルームが いいです。そして、大きい 窓が ほしいです。
イ・テホ	家賃は いくら くらいが いいですか。
伊藤かおり	50万ウォン くらいの ところが いいです。

단어

家探し 집 찾기 大変だ 힘들다, 큰일이다 探しましょう 찾아봅시다 さっき 아까 部屋 방 広い 넓다

~かったです ~했습니다 家賃 집세 ~くなかったです ~하지 않았습니다 バス 버스 5分 5분 以内 이내

ワンルーム 원룸 窓 창문 ~が ほしい ~을/를 원하다 いくら 얼마 くらい 정도 万 만 ウォン 원<화폐 단위>

이태호	어제 집 찾기는 어땠나요?
이토 가오리	처음 하는 집 찾기는 힘들었습니다.
이태호	그렇군요. 그럼, 같이 찾아봅시다.

이태호	아까 집은 어땠나요?
이토 가오리	방은 넓어서 좋았지만 집세는 싸지 않았습니다.
이태호	그럼, 어떤 집이 좋나요?
이토 가오리	역에서 버스로 5분 이내이고 집세가 별로 비싸지 않은 원룸이 좋아요. 그리고 큰 창문을 원해요.
이태호	집세는 얼마 정도가 좋나요?
이토 가오리	50만 원 정도인 곳이 좋아요.

1 い형용사의 과거형

い형용사의 과거형은 기본형의 어미 「～い」를 「～かった(~했다)」로 바꿔 표현한다. 정중하게 말할 때는 기본형의 어미 「～い」를 「～かったです(~했습니다)」로 바꿔 표현한다.

기본형	부사형	과거형	과거부정형
多^{おお}い 많다	多^{おお}く	多^{おお}かったです	多^{おお}く なかったです
辛^{から}い 맵다	辛^{から}く	辛^{から}かったです	辛^{から}く なかったです
寒^{さむ}い 춥다	寒^{さむ}く	寒^{さむ}かったです	寒^{さむ}く なかったです

あの 店^{みせ}の ラーメンは とても 辛^{から}かった。 저 가게의 라멘은 매우 매웠다.

日本^{にほん}の 地下鉄^{ちかてつ}の 料金^{りょうきん}は 高^{たか}かったです。 일본의 지하철 요금은 비쌌습니다.

彼^{かれ}の 部屋^{へや}は とても 広^{ひろ}かったです。 그의 방은 매우 넓었습니다.

단어
料金^{りょうきん} 요금

2 い형용사의 과거 부정형

い형용사의 과거 부정형은 기본형의 어미 「～い」를 「～くない(~하지 않다)」로 바꿔 표현한다. 정중하게 말할 때는 기본형의 어미 「～い」를 「～くなかったです」혹은 「～くありませんでした」로 바꿔 '~하지 않았습니다'의 의미를 나타낸다.

日本^{にほん}の ホテルは 狭^{せま}くなかった。 일본의 호텔은 좁지 않았다.

火曜日^{かようび}は 仕事^{しごと}が あまり 忙^{いそが}しく なかったです。
화요일은 일이 그다지 바쁘지 않았습니다.

彼^{かれ}の 大^{おお}きい かばんは 重^{おも}く ありませんでした。
그의 큰 가방은 무겁지 않았습니다.

단어
ホテル 호텔
狭^{せま}い 좁다
忙^{いそが}しい 바쁘다

3 **〜が ほしい** ~을/를 바라다, 원하다

1인칭 주어와 함께 써 '~을/를 원하다, 갖고 싶다'라는 의미를 나타낸다. 「~が ほしいですか(~을/를 원하나요?)」와 같은 의문문의 형태로 상대의 희망을 물어볼 수도 있다.

私は 新しい パソコンが ほしいです。 저는 새로운 컴퓨터를 갖고 싶습니다.

誕生日の プレゼントは かばんが ほしいです。 생일 선물은 가방을 갖고 싶습니다.

伊藤さんは 車が ほしいですか。 이토 씨는 차를 원하나요?

단어
パソコン 컴퓨터
誕生日 생일
プレゼント 선물
車 차

4 **〜が、** ~이지만, ~하지만

접속조사 「~が」는 기본형 혹은 정중형 뒤에 붙어 앞 문장과 뒤 문장을 연결하며 앞과 뒤가 반대되는 역접 관계를 나타낸다.

단어
明るい 밝다
台所 부엌
暗い 어둡다
楽しい 즐겁다
足 다리
痛い 아프다

私の 家は 駅から 近いですが、家賃は 高いです。
제 집은 역에서 가깝지만 집세는 비쌉니다.

部屋は 明るかったですが、台所は 暗かったです。
방은 밝았지만 부엌은 어두웠습니다.

花見は 楽しかったが、足が 少し 痛かった。
꽃구경은 즐거웠지만 발이 조금 아팠다.

5 숫자 세기

1	いち	10	じゅう	100	ひゃく
2	に	20	にじゅう	200	にひゃく
3	さん	30	さんじゅう	300	さんびゃく
4	し・よん	40	よんじゅう	400	よんひゃく
5	ご	50	ごじゅう	500	ごひゃく
6	ろく	60	ろくじゅう	600	ろっぴゃく
7	しち・なな	70	ななじゅう	700	ななひゃく
8	はち	80	はちじゅう	800	はっぴゃく
9	きゅう・く	90	きゅうじゅう	900	きゅうひゃく

+ 추가 단어

せん 1,000·천　　　　一万 10,000·1만
（いちまん）

1 보기와 같이 바꿔 써 봅시다.

> **보기**
> 辛^{から}い
> → 辛^{から}かった → 辛^{から}かったです

① おいしい

→ _____

② いい・よい

→ _____

③ 強^{つよ}い

→ _____

단어 強^{つよ}い 강하다, 세다

> **보기**
> 辛^{から}い
> → 辛^{から}くない → 辛^{から}く なかったです

④ 近^{ちか}い

→ _____

⑤ うれしい

→ _____

⑥ 冷^{つめ}たい

→ _____

단어 うれしい 기쁘다　冷^{つめ}たい 차갑다

辛_{から}い

→ 辛_{から}くない → 辛_{から}く ありませんでした

⑦ 寒_{さむ}い

→ _____

⑧ 太_{ふと}い

→ _____

⑨ 細_{ほそ}い

→ _____

단어 太_{ふと}い 굵다 細_{ほそ}い 가늘다

보기 部屋_{へや}は 狭_{せま}い / 家賃_{やちん}は 高_{たか}い

→ 部屋_{へや}は 狭_{せま}く なかったですが、家賃_{やちん}は 高_{たか}かったです。

⑩ この ホテルは 高_{たか}い / 部屋_{へや}は 狭_{せま}い

→ _____

⑪ 私_{わたし}の 家_{いえ}は 駅_{えき}から 遠_{とお}い / エレベータは ない

→ _____

⑫ あの 映画_{えいが}は おもしろい / 内容_{ないよう}は いい

→ _____

단어 エレベータ 엘리베이터 内容_{ないよう} 내용

2 일본어로 바꿔 써 봅시다.

① 저는 새 컴퓨터를 갖고 싶습니다.

➜ _____

② 그녀의 집은 매우 넓었습니다.

➜ _____

③ 집세는 60만 원 정도가 좋습니다.

➜ _____

3 잘 듣고 빈칸을 채워 문장을 완성해 봅시다. 🎵 042.mp3

① 部屋は 広くて (　　　　　　)ですが、家賃は(　　　　　)です。

② 家賃が あまり (　　　　　　　　　　)ところが いいです。

③ この コーヒーは (　　　　　　　　　　)。

④ 去年の 冬は とても (　　　　　　　　　)。

단어 コーヒー 커피　去年 작년

4 잘 듣고 지문과 일치하면 O, 일치하지 않으면 X 표를 해 봅시다. 🎵 043.mp3

① (　　　　　)　　② (　　　　　)　　③ (　　　　　)

말하기 연습

보기와 같이 밑줄 친 부분을 알맞은 형태로 바꿔 말해 봅시다.

1

보기

A さっきの a 部屋_{へや}は どうでしたか。

B b 広_{ひろ}かったですが、ちょっと c 高_{たか}かったです。

A じゃ、どんな a 部屋_{へや}が よかったですか。

B もう ちょっと c 高_{たか}く ない a 部屋_{へや}が よかったです。

① a スマホ　　　　b かっこいい　　　　c 重_{おも}い

② a かばん　　　　b かわいい　　　　c 大_{おお}きい

③ a 料理_{りょうり}　　　　b おいしい　　　　c 辛_{から}い

단어 スマホ 스마트폰　かっこいい 멋지다

2

보기

A a 家_{いえ}の 家賃_{やちん}は いくら くらいが いいですか。

B a 家_{いえ}の 家賃_{やちん}は b 50万ウォン_{ごじゅうまん} くらいが いいです。

A その a 家_{いえ}の 家賃_{やちん}は いくらですか。

B c 55万ウォン_{ごじゅうごまん}です。

① a お菓子_{かし}　　　　b 230円_{えん}　　　　c 150円_{えん}

② a チケット　　　　b 10万_{まん}ウォン　　　　c 15万_{まん}ウォン

③ a ケーキ　　　　b 5000円_{えん}　　　　c 2500円_{えん}

단어 お菓子_{かし} 과자　〜円_{えん} 엔<화폐 단위>　チケット 티켓, 표　ケーキ 케이크

もんだい1 (　　　　)に なにを いれますか。

　　　　1・2・3・4から いちばん いいものを ひとつ えらんで ください。

1　昨日は あまり(　　　　) なかったです。

　　1 寒い　　　　　2 寒では　　　　　3 寒　　　　　4 寒く

2　彼の 家は 学校から 近いです(　　　　)、家賃は 高かったです。

　　1 に　　　　　2 は　　　　　3 が　　　　　4 で

もんだい2 ＿＿＿＿＿の ことばは どう よみますか。

　　　　1・2・3・4から いちばん いいものを ひとつ えらんで ください。

3　去年は 暑かったです。

　　1 ことし　　　　2 きょねん　　　　3 きょとし　　　　4 ぎょねん

4　さっきの 家は 広くて よかったです。

　　1 びろいくて　　　2 ひろくて　　　3 ひろいくて　　　4 びろくて

もんだい3 ＿＿＿＿＿の ことばは どう かきますか。

　　　　1・2・3・4から いちばん いいものを ひとつ えらんで ください。

5　日本語の かんじは 難しかったです。

　　1 漢字　　　　　2 漢子　　　　　3 漢子　　　　　4 韓字

6　水曜日は 仕事が とても いそがしかったです。

　　1 忙しかった　　　2 忙かった　　　3 性しかった　　　4 性かった

일본의 화폐

일본의 화폐 단위는 엔(円)이며 한국과 마찬가지로 동전(주화)과 지폐를 사용한다. 동전은 1, 5, 10, 50, 100, 500엔 6종류가 있으며, 지폐는 1000, 5000, 10000엔 3종류가 있다. 일본은 한국보다 동전의 사용 빈도가 높은 편인데, 이는 동전을 사용하는 자동판매기가 한국보다 많기 때문이기도 하지만 현금 사용을 선호하는 문화와 소비세 때문이기도 하다. 그래서 일본에서는 아예 동전 지갑을 따로 가지고 다니는 경우도 많아 관련 상품의 인기도 높다.

한국과 마찬가지로 일본 지폐에도 역사적 의미를 가진 인물의 그림이 들어가 있다. 1000엔권에는 페스트 균을 발견하여 일본인 최초의 노벨상 수상 후보로 거론되었던 기타자토 시바사부로(北里柴三朗), 5000엔권에는 일본 최초의 여성 유학생으로 일본 귀국 후에 교육자로 활약한 쓰다 우메코(津田梅子)가 있다. 또한 10000엔권에서는 일본 자본주의의 아버지로 불리며 수 많은 기관의 운영과 설립에 힘쓴 시부사와 에이이치(渋沢栄一)를 찾아볼 수 있다.

▶ 일본의 만 엔권 지폐

LESSON

8

カフェ

카페

학습목표

1 동사의 분류

2 동사의 정중형/부정형

3 동사의 과거형/과거 부정형

4 ~ながら

5 존재 표현

6 조사 に의 용법

7 조사 を의 용법

伊藤かおり　　このカフェには お客さんが いっぱい いますね。
　　　　　　　席は ありますか。

イ・テホ　　　いいえ、ありません。
　　　　　　　あ！奥の 方に ありますよ。

伊藤かおり　　よかった。この カフェの おすすめは 何ですか。

イ・テホ　　　いちごケーキと コーヒーの セットが おすすめです。

伊藤かおり　　じゃ、私は その セットに します。

イ・テホ　　　私が 注文します。

イ・テホ　　　ところで、昨日 ジムに 行きましたか。

伊藤かおり　　いいえ、行きませんでした。
　　　　　　　今日は 音楽を 聞きながら 運動します。

イ・テホ　　　いいですね。

단어

カフェ 카페　お客さん 손님　いっぱい 가득　いる 있다(생물)　～ます ~합니다　席 자리　ある 있다(무생물)
～ません ~안 합니다　奥の方 안쪽　よかった 다행이다　いちご 딸기　セット 세트　注文する 주문하다
ジム 체육관, 헬스장　行く 가다　～ました ~했습니다　～ませんでした ~하지 않았습니다　音楽 음악　聞く 듣다
～ながら ~하면서　運動する 운동하다

이토 가오리	이 카페에는 손님이 가득 있네요. 자리는 있나요?
이태호	아니요, 없습니다. 아! 안쪽에 있어요.
이토 가오리	다행이다. 이 카페의 추천 메뉴는 뭔가요?
이태호	딸기케이크와 커피 세트를 추천해요.
이토 가오리	그럼, 저는 그 세트로 할게요.
이태호	제가 주문할게요.

이태호	그런데 어제 헬스장에 갔나요?
이토 가오리	아니요, 안 갔어요. 오늘은 음악을 들으면서 운동할게요.
이태호	좋네요.

1 동사의 분류

종류	의미	예시(기본형)	
1그룹동사	어미가 る로 끝나지 않는 동사	買^かう 사다 待^まつ 기다리다 飲^のむ 마시다 行^いく 가다	書^かく 쓰다 遊^{あそ}ぶ 놀다 話^{はな}す 말하다 出^だす 내다, 제출하다
	어미가 る로 끝나고 る앞이 あ・う・お단인 동사	分^わかる 이해하다 作^{つく}る 만들다	乗^のる 타다 取^とる 잡다
	예외적인 동사 (る앞이 い・え단)	要^いる 필요하다 入^{はい}る 들어가다 知^しる 알다	切^きる 자르다 走^{はし}る 달리다 帰^{かえ}る 돌아가다
2그룹동사	어미가 る로 끝나고 る앞이 い단인 동사	見^みる 보다 着^きる 입다	起^おきる 일어나다 降^おりる 내리다
	어미가 る로 끝나고 る앞이 え단인 동사	食^たべる 먹다 寝^ねる 자다	教^{おし}える 가르치다 出^でる 나가다
3그룹동사	불규칙하게 활용하는 동사	来^くる 오다	する 하다

* 동작의 의미를 가지는 명사에 する를 붙여 「勉強^{べんきょう}する(공부하다)」와 같이 동사화시키도 한다.

2 동사의 정중형/부정형

동사의 정중형(ます형)은 동사에 「～ます(합니다)」를 붙여 표현하며 동사의 종류에 따라 그 활용법은 달라진다. 동사의 부정형은 동사에 「～ません(~하지 않습니다)」을 붙여 표현하며 정중형과 활용법이 같다.

종류	활용법	예		
1그룹동사	어미 う단 → い단+ます	買う 사다	→	買います 삽니다
		書く 쓰다	→	書きます 씁니다
		待つ 기다리다	→	待ちます 기다립니다
		遊ぶ 놀다	→	遊びます 놉니다
		飲む 마시다	→	飲みます 마십니다
		作る 만들다	→	作ります 만듭니다
2그룹동사	어미 る → ~~る~~+ます	見る 보다	→	見ます 봅니다
		食べる 먹다	→	食べます 먹습니다
3그룹동사	불규칙	来る 오다	→	来ます 옵니다
		する 하다	→	します 합니다

ノートに 漢字を 書きます。 노트에 한자를 씁니다.

友達と テレビを 見ます。 친구와 텔레비전을 봅니다.

今日は 学校に 行きません。 오늘은 학교에 가지 않습니다.

コンビニで お酒 以外は 買いません。 편의점에서 술 외에는 사지 않습니다.

단어

ノート 노트, 공책

テレビ 텔레비전

コンビニ 편의점

お酒 술

以外 이외

3 동사의 과거형/과거 부정형

동사의 과거형은 동사에 「~ました(~했습니다)」를 붙여 표현하며 동사의 종류에 따라 그 활용법은 달라진다. 동사의 과거 부정형은 동사에 「~ませんでした(~하지 않았습니다)」를 붙여 표현하며 과거형과 활용법이 같다.

종류	활용법	예		
1그룹동사	어미 う단 ➡ い단+ました	買う 사다	➡	買いました 샀습니다
		書く 쓰다	➡	書きました 썼습니다
		待つ 기다리다	➡	待ちました 기다렸습니다
		遊ぶ 놀다	➡	遊びました 놀았습니다
		飲む 마시다	➡	飲みました 마셨습니다
		作る 만들다	➡	作りました 만들었습니다
2그룹동사	어미 る ➡ る̸+ました	見る 보다	➡	見ました 봤습니다
		食べる 먹다	➡	食べました 먹었습니다
3그룹동사	불규칙	来る 오다	➡	来ました 왔습니다
		する 하다	➡	しました 했습니다

今朝、学校まで バスに 乗りました。 오늘 아침, 학교까지 버스를 탔습니다.

昨日は 朝7時まで 寝ました。 어제는 아침 7시까지 잤습니다.

昨日、ジムに 行きませんでした。 어제, 헬스장에 가지 않았습니다.

日曜日は 買い物を しませんでした。 일요일은 쇼핑을 하지 않았습니다.

단어

今朝 오늘 아침
~に 乗る ~을/를 타다

4 ～ながら ~하면서

동사의 정중형(ます형)에 접속하여 두 가지 동작이나 상태 등이 동시에 이루어지는 상황을 나타낼 때 사용하는 표현이다.

お菓子を 食べながら、映画を 見ます。 과자를 먹으며 영화를 봅니다.

部屋で 音楽を 聞きながら 勉強を します。
방에서 음악을 들으면서 공부를 합니다.

先生と 一緒に お茶を 飲みながら 話しました。
선생님과 같이 차를 마시면서 이야기했습니다.

단어

勉強 공부
お茶 차

5 존재 표현

사람이나 동물 등의 존재를 나타낼 때 동사 「いる(있다)」로 표현하며 정중하게 말할 때는 「います(있습니다)」와 같이 표현한다. 사물이나 식물 등의 존재를 나타낼 때는 동사 「ある(있다)」로 표현하며 정중하게 말할 때는 「あります(있습니다)」와 같이 표현한다. 부정형은 「いません」, 「ありません」으로 표현한다.

단어

犬 개
となり 옆
近く 근처

私には 日本人の 友達が います。 저에게는 일본인 친구가 있습니다.

キムさんの 家に 犬は いません。 김 씨의 집에 개는 없습니다.

カフェの となりに コンビニが あります。 카페 옆에 편의점이 있습니다.

学校の 近くに 公園は ありません。 학교 근처에 공원은 없습니다.

+ 추가 단어

上 위　　　　　前 앞　　　　　右 오른쪽　　　　　中 안

下 아래　　　　後ろ 뒤　　　　左 왼쪽　　　　　外 밖

6 **〜に** ~에, ~하러, ~에게

조사 に는 명사 뒤에 붙어 장소(~에), 시간(~에), 목적지(~에, ~로), 목적(~하러), 상대방(~에게)의 의미를 나타낸다.

家の 前に 猫が います。 집 앞에 고양이가 있습니다. (장소)

日曜日は 何時に 起きますか。 일요일은 몇 시에 일어납니까? (시간)

夏休みに 家族と 日本に 行きます。 여름 방학에 가족과 일본에 갑니다. (목적지)

今から 買い物に 行きます。 지금부터 쇼핑하러 갑니다. (목적)

毎朝、友達に 電話を します。 매일 아침, 친구에게 전화를 합니다. (상대방)

> **단어**
> 猫 고양이
> 夏休み 여름 방학
> 家族 가족
> 毎朝 매일 아침

7 **〜を** ~을/를

조사 を는 타동사의 목적어 뒤에 와서 '을/를'의 의미로 쓰인다.

台所で 料理を 作ります。 부엌에서 요리를 만듭니다.

白い シャツを 着ました。 하얀 셔츠를 입었습니다.

友達と 学校の 宿題を しました。 친구와 학교 숙제를 했습니다.

> **단어**
> 宿題 숙제

1 보기와 같이 바꿔 써 봅시다.

> 보기
> 書く
> → 書きます → 書きません

① 待つ

→ _____

② 寝る

→ _____

③ 来る

→ _____

> 보기
> 見る
> → 見ました → 見ませんでした

④ 作る

→ _____

⑤ 出る

→ _____

⑥ する

→ _____

音楽 / 聞く / レポート / 書く

→ <u>音楽</u>を <u>聞き</u>ながら、<u>レポート</u>を <u>書き</u>ます。

⑦ ジュース / 飲む / 新聞 / 読む

→ _____

⑧ ご飯 / 食べる / テレビ / 見る

→ _____

⑨ 本 / 読む / メモ / する

→ _____

단어 ジュース 주스 新聞 신문 読む 읽다 メモ 메모

日本 / 友達 / (いる・ある)

→ <u>日本</u>に <u>友達</u>が <u>います</u>。

⑩ カフェの 奥 / 席 / (いる・ある)

→ _____

⑪ 公園 / かわいい 犬 / (いる・ある)

→ _____

⑫ 学校 / 私の パソコン / (いる・ある)

→ _____

2 일본어로 바꿔 써 봅시다.

① 카페 안에 손님이 가득 있습니다.

→ _____

② 커피를 마시면서 리포트를 씁니다.

→ _____

③ 어제는 헬스장에 가지 않았습니다.

→ _____

🐱 단어 レポート 리포트, 보고서

3 잘 듣고 빈칸을 채워 문장을 완성해 봅시다. 🎵 046.mp3

① 今朝、公園 (　　　　　　　) 友達と 一緒に (　　　　　　)。

② あの カフェには 席が (　　　　　　　　　　　)。

③ 今日は 図書館で 本を (　　　　　　　　　　　)。

④ テーブルの (　　　　　　) 猫が (　　　　　　)。

🐱 단어 テーブル 테이블, 탁자

4 잘 듣고 지문과 일치하면 O, 일치하지 않으면 X 표를 해 봅시다. 🎵 047.mp3

① (　　　　　) 　② (　　　　　) 　③ (　　　　　)

말하기 연습

보기와 같이 밑줄 친 부분을 알맞은 형태로 바꿔 말해 봅시다.

1

보기
A a<u>青い 車</u>は どこに b<u>ありますか</u>。

B a<u>青い 車</u>は c<u>コンビニ</u>の d<u>となり</u>に b<u>あります</u>。

① a 小さい 自転車   b ある

    c 図書館   d 前

② a 白い 犬   b いる

    c ソファー   d 下

③ a 雪だるま   b ある

    c 家   d 外

단어 自転車 자전거　ソファー 소파　雪だるま 눈사람

2

보기
A 週末は 何を しますか。

B 週末は たいてい a<u>音楽を 聞きながら</u> b<u>勉強します</u>。

A c<u>掃除</u>も d<u>しますか</u>。

B いいえ、c<u>掃除</u>は d<u>しません</u>。

① a お茶を 飲む   b 宿題を する

    c 新聞   d 読む

② a お菓子を 食べる   b ゲームする

    c 皿   d 洗う

단어 たいてい 대개　掃除 청소　ゲームする 게임하다　皿 접시　洗う 닦다, 씻다

もんだい1 (　　　)に なにを いれますか。

　　　　　1・2・3・4から いちばん いいものを ひとつ えらんで ください。

1　　　私は いちご ケーキ セットに (　　　)。

　　　　　1 あります　　　　2 です　　　　　3 します　　　　4 います

2　　　家族と ご飯を (　　　)ながら 話します。

　　　　　1 食べる　　　　　2 食べ　　　　　3 食べり　　　　4 食べら

もんだい2 ＿＿＿＿＿の ことばは どう よみますか。

　　　　　1・2・3・4から いちばん いいものを ひとつ えらんで ください。

3　　　山本さんの 家には 犬が います。

　　　　　1 ねこ　　　　　　2 いね　　　　　3 げん　　　　　4 いぬ

4　　　映画を 見ながら お菓子を 食べます。

　　　　　1 えいが　　　　　2 えいか　　　　　3 えりが　　　　4 えりか

もんだい3 ＿＿＿＿＿の ことばは どう かきますか。

　　　　　1・2・3・4から いちばん いいものを ひとつ えらんで ください。

5　　　台所で りょうりを 作ります。

　　　　　1 料里　　　　　　2 料理　　　　　3 科理　　　　　4 科里

6　　　テーブルの うえに コーヒーが ありました。

　　　　　1 左　　　　　　2 右　　　　　3 下　　　　　4 上

일본의 차 문화, 다도

16세기 후반, 일본의 다도(茶道)는 센노 리큐(千利休)라는 다도의 명인에 의해 확립된다. 와비차(わび茶)라고 불리는 한가롭고 간소한 정취를 즐길 수 있는 다도를 추구했으며 지금까지도 일본에서는 차의 성인(聖人)으로 불리고 있다. 일본 다도의 가장 중요한 정신은 일기일회(一期一会, いちごいちえ)이다. 이는 지금 있는 다도의 자리가 주인과 손님에게 단 한 번뿐인 만남이라고 생각하며 최선을 다해 경건한 마음을 갖춰 다도를 즐기라는 의미이다.

일본인에게 차는 단순한 음료가 아니라 일본의 문화적 정체성의 한 부분이라고 말할 수 있을 정도로 많은 사랑을 받고 있다. 특히 일본에서 인기 있는 차로는 엽차를 덖어서 만들며 고소한 맛이 일품인 호지차(ほうじ茶(ちゃ)), 녹차와 홍차의 중간 정도의 맛을 갖고 있으며 지방과 기름을 분해한다고 알려진 우롱차(ウーロン茶(ちゃ)), 일본식 다도의 뼈대를 이루고 있으며 케이크나 라테, 아이스크림으로도 그 맛을 즐기는 말차(抹(まっ)茶(ちゃ)) 등이 있다.

▶ 일본의 다도 문화

<ruby>薬<rt>やっ</rt>局<rt>きょく</rt></ruby>

やっ　きょく
薬局

약국

학습목표

伊藤かおり　イさん、風邪薬が 買いたいです。
一緒に 行きませんか。

イ・テホ　いいです。バスで 一緒に 行きましょう。

伊藤かおり　駅前に ドラッグストアが ありますよ。

イ・テホ　いいえ、薬局に 行きましょう。
韓国では 薬は 薬局だけに あります。

伊藤かおり　えっ、そうですか。
日本の ドラッグストアは 薬 以外にも コスメや お菓子、
お酒まで あります。

イ・テホ　おお、いいですね。

──────────── 薬局で ────────────

薬剤師　風邪薬は いくつ ほしいですか。

伊藤かおり　ふたつ お願いします。

薬剤師　はい、全部で 4,300ウォンです。

단어

────────────────────────────────────

風邪薬 감기약　～たい ~하고 싶다　～ませんか ~하지 않을래요?　～ましょう ~합시다　駅前 역 앞

ドラッグストア 드러그스토어　薬局 약국　薬 약　～だけ ~만, ~뿐　えっ 어, 앗<감탄사>　以外にも 이외에도

コスメ 화장품　おお 오<감탄사>　薬剤師 약사　いくつ 몇 개, 몇 살　ふたつ 두 개　全部 전부

110

이토 가오리	태호 씨, 감기약이 사고 싶어요. 같이 가지 않을래요?
이태호	좋아요. 버스 타고 같이 갑시다.
이토 가오리	역 앞에 드러그스토어가 있잖아요.
이태호	아니요, 약국에 갑시다. 한국에서는 약은 약국에만 있어요.
이토 가오리	어, 그런가요?
	일본의 드러그스토어는 약 외에도 화장품이나 과자, 술까지 있어요.
이태호	오, 좋네요.

······································ **약국에서** ································

약사	감기약은 몇 개 원하나요?
이토 가오리	두 개 주세요.
약사	네, 전부 해서 4,300원입니다.

1 ～ませんか ~하지 않을래요?

동사의 부정형을 정중하게 표현한 「～ません(~하지 않습니다)」에 의문사 か를 붙여 '~하지 않을래요?'라는
의미의 권유 표현을 나타낼 수 있다.

一緒に 昼ごはんを 食べませんか。 함께 점심밥을 먹지 않을래요?

明日 山田さんと テニスを 練習しませんか。

내일 야마다 씨와 테니스를 연습하지 않을래요?

カフェで 英語の 試験の 勉強を しませんか。

카페에서 영어 시험 공부를 하지 않을래요?

단어
昼ごはん 점심(밥)
練習する 연습하다
試験 시험

2 ～ましょう ~합시다

동사의 정중형(ます형)에 「～ましょう(~합시다)」를 접속하여 상대에게 권유하는 표현을 나타낼 수 있다.
의문사 か를 붙여 「～ましょうか(할까요?)」의 형태로도 나타낼 수 있다.

学校の 前の カフェで コーヒーを 飲みましょう。

학교 앞 카페에서 커피를 마십시다.

明日の 12時に 映画館の 前で 会いましょう。

내일 12시에 영화관 앞에서 만납시다.

단어
映画館 영화관
会う 만나다

土曜日に 一緒に 映画を 見ましょうか。 토요일에 함께 영화를 보실래요?

3 **〜たい** ~하고 싶다

1인칭, 2인칭 주어의 어떤 행위를 하고 싶은 욕구나 희망을 나타낼 때 동사의 정중형(ます형)에 접속하여 사용한다. 정중하게 표현할 때는 「〜たいです(~하고 싶습니다)」라고 하며, 부정형은 「〜たく ありません (~하고 싶지 않습니다)」로 표현한다.

夏休みには 旅行に 行きたいです。 여름 방학에는 여행을 가고 싶습니다.

日本語を もっと 勉強したいです。 일본어를 더 공부하고 싶습니다.

早く 家に 帰りたいですか。 빨리 집에 돌아가고 싶습니까?

> **단어**
> もっと 더, 좀 더
> 早く 빨리

4 **いくつ** 몇 개, 몇 살

의문사 いくつ는 물건의 개수나 사람의 나이를 물어볼 때 사용하며 '몇 개', '몇 살'과 같은 의미를 가진다.

風邪薬は いくつ ほしいですか。 감기약은 몇 개 필요하나요?

おいくつですか。 몇 살이세요?

+ 추가 단어

1개	2개	3개	4개	5개
ひとつ	ふたつ	みっつ	よっつ	いつつ
6개	7개	8개	9개	10개
むっつ	ななつ	やっつ	ここのつ	とお

5 **〜で** ~에서, ~로, ~에

명사 뒤에 쓰여 동작이 일어나는 장소를 나타내거나 동작의 수단 또는 재료를 나타낸다. 그리고 숫자를 세는 단위 뒤에 올 때는 '한정'의 의미를 나타내며 이유나 원인을 나타내기도 한다.

薬局で 薬を 買います。 약국에서 약을 삽니다. (장소)

私は ドラマで 日本語の 勉強を します。 저는 드라마로 일본어 공부를 합니다. (수단)

ゆず茶は ゆずと 砂糖で 作ります。 유자차는 유자와 설탕으로 만듭니다. (재료)

これは ふたつで ２００円です。 이것은 두 개에 200엔입니다. (한정)

週末は 風邪で 休みました。 주말에는 감기로 쉬었습니다. (이유, 원인)

단어
ゆず茶 유자차
ゆず 유자
砂糖 설탕
風邪 감기
休む 쉬다

6 **だけ** ~만, ~뿐

명사 뒤에 쓰여 한정의 의미를 나타내는 조사로, '~만, ~뿐'의 의미를 가진다.

今日の 授業は １時間だけです。 오늘 수업은 1시간뿐입니다.

私の 休みは 日曜日だけです。 제 휴일은 일요일뿐입니다.

クラスの 中で 外国人は かおりさんだけです。
반에서 외국인은 가오리 씨뿐입니다.

단어
クラス 클래스, 반
外国人 외국인

1 보기와 같이 바꿔 써 봅시다.

> 練習{れんしゅう}する
>
> 보기 → 一緒{いっしょ}に 練習{れんしゅう}しませんか。
>
> → いいですね。一緒{いっしょ}に 練習{れんしゅう}しましょう。

① 食事{しょくじ}を する

→ _____

→ _____

② アニメを 見{み}る

→ _____

→ _____

③ 銀行{ぎんこう}に 行{い}く

→ _____

→ _____

④ レポートを 書{か}く

→ _____

→ _____

단어 食事{しょくじ} 식사　アニメ 애니메이션　銀行{ぎんこう} 은행

病院に 行く

→ <u>病院に 行きたいです。</u>

→ <u>病院に 行きたくありません。</u>

⑤ カフェで 休む

→ _____

→ _____

⑥ 海で 泳ぐ

→ _____

→ _____

단어 病院 병원　泳ぐ 헤엄치다

보기 風邪薬は いくつ ほしいですか。(1)

→ <u>ひとつ</u> お願いします。

⑦ お菓子は いくつ ほしいですか。(3)

→ _____

⑧ ジュースは いくつ ほしいですか。(5)

→ _____

⑨ マスクは いくつ ほしいですか。(8)

→ _____

단어 マスク 마스크

보기

家族 / 学生 / 私
か ぞく　がくせい　わたし

→ 家族の 中で 学生は 私だけです。
　　か ぞく　　なか　　がくせい　　わたし

⑩ お菓子 / チョコ味 / ひとつ
　　か し　　　あじ

→ _____

⑪ この 店 / 白い かばん / これ
　　　　みせ　　しろ

→ _____

⑫ 留学生 / 韓国人 / 私
　　りゅうがくせい　　かんこくじん　　わたし

→ _____

단어 チョコ味 초코맛　色 색
　　　　　あじ　　　　　　いろ

2　일본어로 바꿔 써 봅시다.

① 약국에서 감기약이 사고 싶습니다.

→ _____

② 한국에서는 약은 약국에만 있습니다.

→ _____

③ 학교 옆 카페에서 만납시다.

→ _____

3 잘 듣고 빈칸을 채워 문장을 완성해 봅시다. 🎵 050.mp3

① じゃ、一緒に 買い物に (　　　　　　　　　　　)。

② チョコクッキーは (　　　　　　　　　　　　　) お願いします。

③ 冬休みには 日本語を もっと (　　　　　　　　　　)です。

④ 授業の 前に 一緒に テニスを (　　　　　　　　　　)。

단어　チョコクッキー 초코쿠키　冬休み 겨울 방학

4 잘 듣고 지문과 일치하면 O, 일치하지 않으면 X 표를 해 봅시다. 🎵 051.mp3

① (　　　　　)　　② (　　　　　)　　③ (　　　　　)

말하기 연습

보기와 같이 밑줄 친 부분을 알맞은 형태로 바꿔 말해 봅시다.

1

보기

A 週末に 何が したいですか。

B a映画館で b映画を 見たいです。

A そうですか。じゃ、一緒に cチケットを 買いませんか。

B いいです。一緒に cチケットを 買いましょう。

① a いざかや   b ビールを 飲む   c いざかやに 行く

② a デパート   b かばんを 買う   c かばんを 選ぶ

③ a 公園   b 散歩する   c 公園を 歩く

단어 いざかや 술집　ビール 맥주　デパート 백화점　選ぶ 고르다, 뽑다　散歩する 산책하다
歩く 걷다

2

보기

A すみません、a風邪薬は ありますか。

B はい、いくつ ほしいですか。

A bふたつ お願いします。

B はい、bふたつですね。全部で c600円です。

① a 歯磨き粉   b みっつ   c 390円

② a 歯ブラシ   b いつつ   c 500円

③ a お菓子   b よっつ   c 1200円

단어 歯磨き粉 치약　歯ブラシ 칫솔

もんだい1 (　　　　)に なにを いれますか。

1・2・3・4から いちばん いいものを ひとつ えらんで ください。

1 お菓子は(　　　) ありません。

1 食べる　　　　　2 食べない　　　　3 食べたい　　　　4 食べたく

2 私の 休みは 土曜日(　　　)です。

1 と　　　　　　　2 だけ　　　　　3 は　　　　　　　4 で

3 夏休みに 釜山の 海で (　　　)か。

1 泳ぎましょう　　2 泳ぐましょう　　3 泳ぐます　　　　4 泳ます

4 明日、一緒に ケーキを (　　　)。

1 作るませんか　　2 作ませんか　　3 作りませんか　　4 作るましょうか

もんだい2 _____の ことばは どう よみますか。

1・2・3・4から いちばん いいものを ひとつ えらんで ください。

5 風邪薬は いくつ ほしいですか。

1 がぜやく　　　　2 かぜやぐ　　　　3 かぜぐすり　　　4 かぜくすり

6 薬局まで 一緒に 行きませんか。

1 やくきょく　　　2 やっきょく　　　3 くすりきょく　　4 ぐすりきょく

7 週末に 公園で 散歩しませんか。

1 さんぽ　　　　　2 ざんぽ　　　　　3 さんぼ　　　　　4 ざんぼ

もんだい3 _____の ことばは どう かきますか。

1・2・3・4から いちばん いいものを ひとつ えらんで ください。

8 ふゆやすみには 旅行(りょこう)に 行(い)きたいです。

1 夏休すみ　　　2 冬休すみ　　　3 夏休み　　　4 冬休み

9 明日(あした)、一緒(いっしょ)に テニスの れんしゅうを しませんか。

1 連翌　　　2 練翌　　　3 連習　　　4 練習

もんだい4 _____★_____に 入る ものは どれですか。

1・2・3・4から いちばん いいものを ひとつ えらんで ください。

10 留学生(りゅうがくせい) _____ _____ _____ _____★_____だけです。

1 私(わたし)　　　2 韓国人(かんこくじん)は　　　3 の　　　4 中(なか)で

もんだい5 _____の ぶんと だいたい おなじ いみの ぶんが あります。

1・2・3・4から いちばん いいものを ひとつ えらんで ください。

11 韓国(かんこく)では 薬(くすり)は 薬局(やっきょく)だけに あります。

1 韓国(かんこく)の 薬局(やっきょく)には 薬(くすり)が ありません。

2 韓国(かんこく)は スーパーに 薬(くすり)が あります。

3 韓国(かんこく)では 薬局(やっきょく)で 薬(くすり)を 買(か)います。

4 韓国(かんこく)では スーパーで 薬(くすり)を 作(つく)ります。

한국과 일본, 서로 다른 약국의 모습

한국의 약국은 의사의 처방전을 토대로 약을 조제해 주거나 일반의약품이나 의약외품 등을 판매하는 약국이 대부분이다. 하지만 일본은 한국처럼 약사가 상주하며 의사의 처방전을 토대로 약을 조제해 주는 약국과 일반의약품과 각종 잡화까지 판매하는 약국이 구분되어 있다. 잡화까지 판매하는 약국은 보통 드러그스토어(ドラッグストア)라고 불리며 처방전 없이 살 수 있는 일반의약품을 판매한다. 또한 드러그스토어에서는 화장품과 각종 생필품, 과자나 음료, 술 등의 식품까지도 판매한다.

일본의 드러그스토어와 약국은 마츠모토 키요시(マツモトキヨシ), 웰시아약국(ウエルシア薬局), 스기약국(スギ薬局), 선드러그(サンドラッグ) 등이 있으며 한국의 약국보다 폭넓은 상품군을 자랑하며 24시간 영업을 하는 지점도 있다.

や きゅうじょう
野球場

야구장

학습목표

🎵 053.mp3

イ・テホ	ここで ビールを 買って 行きましょう。
伊藤かおり	野球場で ビールを 飲んでも いいですか。
イ・テホ	もちろん、いいですよ。 でも、ゴミは 席に 捨てては いけません。
伊藤かおり	わかりました。 ところで、イさんは だれを 応援していますか。
イ・テホ	私は ピッチャーの キム選手の ファンです。
伊藤かおり	そうですか。

伊藤かおり	試合は どう なっていますか。
イ・テホ	今、負けています。伊藤さんも 一緒に 応援して ください。
伊藤かおり	わあ！ホームランです！
イ・テホ	うちの チームが 勝ちました！かんぱいしましょう！

단어

～て ～하고　野球場 야구장　～ても いいですか ~해도 되나요?, ~해도 괜찮나요?　もちろん 물론　ゴミ 쓰레기
捨てる 버리다　～ては いけません ~하면 안 됩니다　だれ 누구　応援する 응원하다　～ている ~하고 있다
ピッチャー 투수　選手 선수　ファン 팬　試合 시합　どう 어떻게　なる ~이 되다　負ける 지다
～て ください ~해 주세요　ホームラン 홈런　うち 우리　チーム 팀　勝つ 이기다　かんぱいする 건배하다

이태호	여기서 맥주를 사서 갑시다.
이토 가오리	야구장에서 맥주를 마셔도 되나요?
이태호	물론 괜찮아요. 하지만 쓰레기는 자리에 버리면 안 됩니다.
이토 가오리	알겠습니다. 그런데 태호 씨는 누구를 응원하고 있나요?
이태호	저는 투수인 김 선수의 팬입니다.
이토 가오리	그렇군요.

이토 가오리	시합은 어떻게 되어 가고 있나요?
이태호	지금 지고 있습니다. 이토 씨도 같이 응원해 주세요.
이토 가오리	와! 홈런이에요!
이태호	우리 팀이 이겼어요! 건배합시다!

1 동사의 て형

「~て」는 '~하고, ~하여, ~해서'라는 뜻으로, 동사에 붙어 문장을 연결하는 역할을 한다. 동사의 종류에 따라 그 활용법이 달라진다.

종류	활용법	예		
1그룹동사	어미 く ➡ いて 어미 ぐ ➡ いで	書く 쓰다 泳ぐ 헤엄치다	➡ ➡	書いて 쓰고, 써서 泳いで 헤엄치고, 헤엄쳐서
	어미 う・つ・る ➡ って	買う 사다 待つ 기다리다 作る 만들다	➡ ➡ ➡	買って 사고, 사서 待って 기다리고, 기다려서 作って 만들고, 만들어서
	어미 ぬ・ぶ・む ➡ んで	死ぬ 죽다 遊ぶ 놀다 読む 읽다	➡ ➡ ➡	死んで 죽고, 죽어서 遊んで 놀고, 놀아서 読んで 읽고, 읽어서
	어미 す ➡ して	話す 말하다	➡	話して 말하고, 말해서
2그룹동사	어미 る ➡ る+て	見る 보다 食べる 먹다	➡ ➡	見て 보고, 봐서 食べて 먹고, 먹어서
3그룹동사	불규칙	来る 오다 する 하다	➡ ➡	来て 오고, 와서 して 하고, 해서

* 동사 「行く(가다)」는 「く」로 끝나는 1그룹동사이지만 예외적으로 「行って」로 활용한다.

家に 帰って 電話します。 집에 돌아가서 전화할게요.

毎日 ご飯を 食べて 学校に 行きます。 매일 밥을 먹고 학교에 갑니다.

田中さんと 山本さんは 結婚して ふたりは 夫婦です。
다나카 씨와 야마모토 씨는 결혼해서 둘은 부부입니다.

단어
毎日 매일
結婚する 결혼하다
ふたり 두 명
夫婦 부부

2 〜ている ~하고 있다

동사의 て형에 「〜ている」를 접속하여 동작이나 작용이 계속되는 진행 상황이나 상태를 나타낸다.
정중하게 말할 때는 「〜ています(~하고 있습니다)」로 표현한다.

山田さんは 大学に 通っています。 야마다 씨는 대학교에 다니고 있습니다.

今、学食で ご飯を 食べています。 지금 학생 식당에서 밥을 먹고 있습니다.

弟は 自分の 部屋で 勉強を しています。
남동생은 자기 방에서 공부를 하고 있습니다.

단어

〜に 通う ~에 다니다
弟 남동생
自分 자기, 자신

3 〜て ください ~해 주세요

동사의 て형에 「〜て ください」를 접속하여 상대에게 부탁하거나 부드럽게 명령하는 표현을 나타낼 수 있다.

こちらに お名前を 書いて ください。 여기에 성함을 적어 주세요.

まっすぐ 行って 右に 曲がって ください。 곧장 가서 오른쪽으로 도세요.

気を つけて ください。 조심하세요.

단어

お名前 이름
まっすぐ 곧장
曲がる 돌다, 꺾다
気を つける 조심하다

4 〜ても いいですか ~해도 되나요?, ~해도 괜찮나요?

동사의 て형에 「〜ても いいですか」를 접속하여 상대에게 허락을 구하는 표현을 나타낸다. 답할 때는 「〜ても いいです(~해도 괜찮습니다, ~해도 됩니다)」라고 표현한다.

この 席に 座っても いいですか。 이 자리에 앉아도 됩니까?

この パソコンは 使っても いいですか。

이 컴퓨터는 사용해도 됩니까?

ここで お弁当を 食べても いいです。

여기서 도시락을 먹어도 괜찮습니다.

단어
- 座る 앉다
- 使う 사용하다
- お弁当 도시락

5 〜ては いけません ~해서는 안 됩니다

동사의 て형에 「〜ては いけません」을 접속하여 상대에게 금지된 행동을 알려 주는 표현을 나타낸다.

遅くまで ゲームを しては いけません。 늦게까지 게임을 해서는 안 됩니다.

電車の 中で お酒を 飲んでは いけません。

전철 안에서 술을 마셔서는 안 됩니다.

ここで 写真を 撮っては いけません。

여기에서 사진을 찍어서는 안 됩니다.

단어
- 遅くまで 늦게까지
- 写真 사진
- 撮る (사진을) 찍다

1 보기와 같이 바꿔 써 봅시다.

> 보기
>
> 買^かう
>
> → <u>買^かって</u>

① 待^まつ

→ _____

② 遊^{あそ}ぶ

→ _____

③ 来^くる

→ _____

> 보기
>
> ビール / 買^かう / 席^{せき} / 行^いく
>
> → <u>ビールを 買^かって 席^{せき}に 行^いきます。</u>

④ お弁当^{べんとう} / 作^{つく}る / 公園^{こうえん} / 行^いく

→ _____

④ ゴミ / 捨^すてる / 家^{いえ} / 帰^{かえ}る

→ _____

⑥ 顔^{かお} / 洗^{あら}う / 外^{そと} / 出^でかける

→ _____

단어 顔^{かお} 얼굴　出^でかける 외출하다, 나가다

보기

私 / キム選手 / 応援する

→ 私は キム選手を 応援しています。

⑦ イさん / ビール / 飲む

→ _____

⑧ 母 / 新聞 / 読む

→ _____

⑨ 私 / 日記 / 書く

→ _____

단어　母 엄마　日記 일기

보기

こちらに 座る

→ こちらに 座って ください。

⑩ 最後まで がんばる

→ _____

⑪ コーヒーを 注文する

→ _____

⑫ チケットを 予約する

→ _____

단어　最後 마지막　がんばる 힘내다, 분발하다　予約する 예약하다

보기
ここ / ビール / 飲む

→ ここで ビールを 飲んでも いいですか。

⑬ ここ / 写真 / 撮る

→ _____

⑭ この 列車 / お弁当 / 食べる

→ _____

⑮ 部屋 / テレビ / 見る

→ _____

단어 列車 열차

보기
ここで 走る

→ ここで 走っては いけません。

⑯ ここに ゴミを 捨てる

→ _____

⑰ お酒を いっぱい 飲む

→ _____

⑱ 毎日 授業に 遅れる

→ _____

단어 遅れる 늦다

2 일본어로 바꿔 써 봅시다.

① 누구를 응원하고 있습니까?

→ _____

② 이 자리에 앉아도 되나요?

→ _____

③ 집에 돌아가서 전화할게요.

→ _____

3 잘 듣고 빈칸을 채워 문장을 완성해 봅시다. 🎵 054.mp3

① 今、うちの チームが (　　　　　　　　　　　)。

② こちらで ビールを (　　　　　　　　　　) 行きましょう。

③ 席で お菓子を (　　　　　　　　　) いいですか。

④ あそこまで まっすぐ (　　　　　　　　　　)。

4 잘 듣고 지문과 일치하면 O, 일치하지 않으면 X 표를 해 봅시다. 🎵 055.mp3

① (　　　　　)　　② (　　　　　)　　③ (　　　　　)

말하기 연습

보기와 같이 밑줄 친 부분을 알맞은 형태로 바꿔 말해 봅시다.

1

보기

A 伊藤さん、ちょっと a 見て ください。

B ええ、どうしたんですか。

A これ、b 旅行の お土産です。

B おお、c かわいいですね。

① a 待つ   b プレゼント   c おしゃれだ

② a 教える   b 学校の 宿題   c 難しい

③ a 聞く   b 私が 好きな 歌   c いい 歌

단어 どうしたんですか 왜 그러세요? お土産 선물, 기념품

2

보기

A 今、何を していますか。

B 今は a 学校の 宿題を しています。

後で b 友達と ゲームしても いいですか。

A はい、もちろんです。

でも c 夜遅くまで ゲームしては いけませんよ。

① a チケットを 買う   b 好きな 絵を 見る   c ここで 写真を 撮る

② a 本を 読む   b パンを 食べる   c ここに ゴミを 捨てる

③ a 部屋を 掃除する   b 公園で 散歩する   c 公園で たばこを 吸う

단어 後 나중, 다음 絵 그림 たばこを 吸う 담배를 피우다

もんだい1 (　　　)に なにを いれますか。

1・2・3・4から いちばん いいものを ひとつ えらんで ください。

1　ここで お酒を (　　　) いいですか。

1 飲み　　　2 飲む　　　3 飲んでも　　　4 飲みたい

2　カフェに (　　　) 勉強します。

1 行きたい　　　2 行いて　　　3 行く　　　4 行って

3　母と 一緒に 日本料理を (　　　)います。

1 作って　　　2 作て　　　3 作る　　　4 作りて

4　学校で たばこを (　　　) いけません。

1 吸うて　　　2 吸つては　　　3 吸って　　　4 吸っては

もんだい2　＿＿＿＿の ことばは どう よみますか。

1・2・3・4から いちばん いいものを ひとつ えらんで ください。

5　ここに 名前を 書いて ください。

1 めいぜん　　　2 なまえ　　　3 なぜん　　　4 みょうまえ

6　チケットを 予約して 野球場に 行きます。

1 ようやく　　　2 ややく　　　3 よやく　　　4 ようじゃく

7　私が 好きな 歌を 聞いて ください。

1 うた　　　2 うに　　　3 うて　　　4 うだ

＿＿＿＿＿の ことばは どう かきますか。

1・2・3・4から いちばん いいものを ひとつ えらんで ください。

8 ここで <u>おべんとう</u>を 買^かって 行^いきましょう。

1 お弁党 　　2 お便党 　　3 お便当 　　4 お弁当

9 日本^{にほん}の <u>おみやげ</u>が 買^かいたいです。

1 お土譲 　　2 お土屋 　　3 お土産 　　4 お土挙

もんだい4 ＿＿＿＿★＿＿＿ に 入る ものは どれですか。

1・2・3・4から いちばん いいものを ひとつ えらんで ください。

10 電車^{でんしゃ}＿＿＿＿ ＿＿＿＿ ＿＿＿＿ ＿★＿＿ いけません。

1 話^{はな}しては 　　2 の 　　3 電話^{でんわ}で 　　4 中^{なか}で

もんだい5 ＿＿＿＿＿の ぶんと だいたい おなじ いみの ぶんが あります。

1・2・3・4から いちばん いいものを ひとつ えらんで ください。

11 <u>キムさんは 大学^{だいがく}に 通^{かよ}っています。</u>

1 キムさんの 家^{いえ}は 大学^{だいがく}の となりです。

2 キムさんは 大学生^{だいがくせい}です。

3 キムさんは 大学^{だいがく}の 友^{とも}だちに 会^あいます。

4 キムさんは 大学生^{だいがくせい}を 教^{おし}えています。

일본인이 사랑하는 국민 스포츠, 야구

1872년 미국인 교사에 의해 일본에 야구가 전해지며 일본 야구의 역사가 시작되었다. 이후 1915년에는 지금까지도 매년 많은 사랑을 받고 있는 일본 고교 야구 전국 대회인 고시엔(甲子園)이 개최되었고 1936년 도쿄 자이언츠, 오사카 타이거즈 등 7개의 야구 구단에 의해 일본 프로 야구 리그가 시작되었다. 그 이후 오랫동안 일본인의 사랑을 받아 오고 있으며 지금까지도 일본인이 가장 사랑하는 스포츠로 자리 잡고 있다. 지역별 연고 팀의 인기도 높은데 특히 도쿄에서 시작된 요미우리 자이언츠(読売ジャイアンツ)와 오사카에서 시작된 한신 타이거즈(阪神タイガーズ)간의 라이벌전은 특히 뜨거운 관심을 받고 있다.

일본 프로 야구 리그뿐만 아니라 고교 야구도 무척 인기가 많은데, 여름의 고시엔(夏の甲子園)이라는 별칭으로 불린다. 이 별칭은 대회가 매년 여름에 열리며 대회가 열리는 구장이 갑자(甲子)년에 지어져 이름에 고시엔(甲子園)이 들어가기 때문에 불리게 되었다. 이 대회에 참여하는 일본 고등학교 야구팀은 3000팀을 넘어서며 TV에서 생중계될 정도이다.

りょう り づく
料理作り

요리 만들기

학습목표

イ・テホ　　　　おじゃまします。

伊藤かおり　　　いらっしゃい。
今日は お好み焼きパーティーを する つもりです。

イ・テホ　　　　お好み焼き、大好きだから 楽しみです。

これ、どうぞ。

伊藤かおり　　　わあ、ありがとうございます。

お好み焼きを 一緒に 作って みましょう。

イ・テホ　　　　はい、何から 準備しますか。

伊藤かおり　　　まず、肉と キャベツを 切って おいて ください。

イ・テホ　　　　マヨネーズは どうしますか。

伊藤かおり　　　最後に 使うから 冷蔵庫から 出して おいて ください。

あ！ビールを 忘れちゃった。

イ・テホ　　　　じゃ、私が コンビニに 行って きます。

단어

おじゃまします 실례합니다, 들어가겠습니다　いらっしゃい 어서 오세요　お好み焼き 오코노미야키　パーティー 파티
～する つもりだ ~할 생각이다　～から ~(이)므로, ~(이)니까　～て みる ~해 보다　準備する 준비하다
まず 우선, 먼저　肉 고기　キャベツ 양배추　～て おく ~해 두다　マヨネーズ 마요네즈　冷蔵庫 냉장고
～ちゃった ~해 버렸다　～て くる ~해 오다

138

이태호	실례합니다.
이토 가오리	어서 오세요. 오늘은 오코노미야키 파티를 할 생각이에요.
이태호	오코노미야키 정말 좋아해서 기대되네요.
	이거, 받으세요.
이토 가오리	와, 감사합니다. 오코노미야키를 같이 만들어 봐요.
이태호	네, 뭐부터 준비하나요?
이토 가오리	우선, 고기와 양배추를 잘라 놔 주세요.
이태호	마요네즈는 어떻게 할까요?
이토 가오리	마지막에 쓰니까 냉장고에서 꺼내 놔 주세요.
	아! 맥주를 깜빡했다.
이태호	그럼 제가 편의점에 갔다 오겠습니다.

1 ～て みる ~해 보다

동사의 て형에「みる」를 접속하여 어떤 행동을 시험 삼아 해 본다는 의미를 나타낸다.

私が 山田さんに 連絡して みます。 제가 야마다 씨에게 연락해 볼게요.

大阪に 行って たこ焼きを 食べて みたいです。

오사카에 가서 다코야키를 먹어 보고 싶습니다.

この スカート、着て みても いいですか。

이 치마 입어 봐도 되나요?

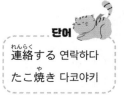

단어

連絡する 연락하다
たこ焼き 다코야키

2 ～て おく ~해 두다, ~해 놓다

동사의 て형에「おく」를 접속하여 어떠한 목적을 위해 미리 준비해 놓는 상황이나 어떠한 상태 그대로 두는
상황을 표현할 때 사용한다. 회화체에서는「～て おく」를「～とく」로 줄여 말하기도 한다.

エアコンを つけて おきます。 에어컨을 켜 두겠습니다.

友達が 来るから、掃除を して おきます。

친구가 오니까 청소를 해 둡니다.

ビールを 冷蔵庫に 入れて おきました。

맥주를 냉장고에 넣어 두었습니다.

단어

エアコン 에어컨
つける 켜다
入れる 넣다

3 ～て しまう ~해 버리다

동사의 て형에 「しまう」를 접속하여 어떠한 행동을 완전히 완료한 상황이나 의도하지 않은 행동을 해서 아쉽다는 후회하는 마음을 표현할 때 사용한다. 회화체로는 「～て しまう」는 「～ちゃう」로, 「～で しまう」는 「～じゃう」로 줄여 말하며 주로 완료형(과거형)인 「～ちゃった / ～じゃった」의 형태로 많이 쓰인다.

寝坊して 授業に 遅れて しまいました。 늦잠 자서 수업에 늦어 버렸습니다.

約束を 忘れちゃいました。 약속을 잊어 버렸습니다.

お酒を 全部 飲んじゃいました。 술을 전부 마셔 버렸습니다.

단어
寝坊する 늦잠 자다
約束 약속
忘れる 잊다

4 ～て くる ~해 오다

동사의 て형에 「くる」를 접속하여 공간적 이동이나 시간적 변화 또는 자연 현상의 시작을 나타낸다.

明日の 飲み会に 山田さんを つれて きます。

내일 회식에 야마다 씨를 데리고 오겠습니다. (공간적 이동)

最近、運動不足で 太って きました。

요즘 운동 부족으로 살찌고 있어요. (시간적 변화)

急に 雨が 降って きた。 갑자기 비가 내리기 시작했다. (자연 현상)

단어
飲み会 회식, 술자리
つれる 데려가다
運動不足 운동 부족
太る 살찌다
急に 갑자기
降る (비, 눈 등이)
내리다

5 **～つもりだ** ~할 예정이다, ~할 작정이다, ~할 생각이다

동사의 기본형에 접속하여 어떠한 동작을 할 예정·작정·생각임을 나타낸다.

今週の 週末には 図書館に 行く つもりです。

이번 주 주말에는 도서관에 갈 생각입니다.

夏休みに 運転免許を 取る つもりです。

여름 방학에 운전면허를 딸 작정입니다.

私は 来年、日本で 就職する つもりです。

저는 내년에 일본에서 취업할 생각입니다.

단어

今週 이번 주
運転免許 운전면허
来年 내년
就職する 취직하다

6 **～から** ~(으)므로, ~(이)니까

원인이나 이유를 나타낼 때 사용하는 접속조사이다. い형용사, な형용사, 동사의 기본형에 접속하며 명사는 어미에 だ를 붙인 형태로 접속한다.

今日は 忙しいから、明日 話しましょう。

오늘은 바쁘니까 내일 이야기합시다.

たくさん あるから、もっと 食べて ください。 많이 있으니까 더 드세요.

もうすぐ 私の 誕生日だから 誕生日パーティーを しましょう。

이제 곧 제 생일이니까 생일 파티를 합시다.

단어

たくさん 많이, 많음
もうすぐ 이제 곧

1 보기와 같이 바꿔 써 봅시다.

> 보기
> たこ焼きを 作る
> → 今度 たこ焼きを 作って みます。

① お好み焼きを 食べる

→ _____

② 温泉に 行く

→ _____

③ 日本酒を 飲む

→ _____

단어 今度 이번, 이다음　温泉 온천　日本酒 일본주

> 보기
> ねぎを 切る
> → まず、ねぎを 切って おきます。

④ 材料を 準備する

→ _____

⑤ たまねぎを 冷蔵庫から 出す

→ _____

⑥ ホテルを 予約する

→ _____

단어 ねぎ 파　材料 재료　たまねぎ 양파

보기
約束に 遅れる
→ 約束に 遅れて しまいました。

⑦ 財布を なくす

→ _____

⑧ 風邪を ひく

→ _____

⑨ お金を 全部 使う

→ _____

단어 財布 지갑　なくす 분실하다　風邪を ひく 감기에 걸리다

보기
お好み焼きを 作る
→ お好み焼きを 作って きます。

⑩ 野菜を 洗う

→ _____

⑪ 友達を つれる

→ _____

⑫ ボールを 持つ

→ _____

단어 野菜 야채　ボール 공　持つ 들다, 가지다

보기
来年 / 日本で 就職する
→ 来年は 日本で 就職する つもりです。

⑬ 週末 / カフェで 勉強する

→ _____

⑭ 夏休み / 京都 旅行に 行く

→ _____

⑮ 来月 / 英語を 習う

→ _____

단어 来月 다음 달　習う 배우다

2 일본어로 바꿔 써 봅시다.

① 제가 야마다 씨에게 전화해 볼게요.

→ _____

② 고기와 양배추를 잘라 둡니다.

→ _____

③ 갑자기 눈이 내리기 시작했습니다.

→ _____

단어 雪 눈

3 잘 듣고 빈칸을 채워 문장을 완성해 봅시다. 🎵 058.mp3

① 今日は お好み焼きパーティーを する (　　　　　　　　　　)。

② ねぎを 冷蔵庫から (　　　　　　　　　　) ください。

③ コンビニで おいしい お弁当を (　　　　　　　　)。

④ 友達と 新しい カフェに (　　　　　　　　)たいです。

4 잘 듣고 지문과 일치하면 O, 일치하지 않으면 X 표를 해 봅시다. 🎵 059.mp3

① (　　　　　) 　　② (　　　　　) 　　③ (　　　　　)

보기와 같이 밑줄 친 부분을 알맞은 형태로 바꿔 말해 봅시다.

1

보기

A a <u>うどんを 作って</u> みましょうか。

B はい、それでは b <u>ねぎと にんにくを 切って</u> おいて ください。

A わかりました。あ、c <u>ねぎを 忘れて</u> しまいました。

B じゃ、私が d <u>買って</u> きますね。

① a サンドイッチを 買う   b カフェを 探す

   c かぎ   d 持つ

② a 散歩に 出る   b 靴を 出す

   c 帽子   d 持つ

③ a 旅行に 行く   b カメラを かばんに 入れる

   c 飛行機の チケット   d 探す

단어 それでは 그러면　にんにく 마늘　サンドイッチ 샌드위치　探す 찾다　かぎ 열쇠
カメラ 카메라　飛行機 비행기

2

보기

A a <u>今週の 週末は 何を する</u> つもりですか。

B b <u>月曜日に 試験が あるから</u> c <u>勉強する</u> つもりです。

A そうですか。

① a 金曜日   b 天気が いい   c 犬の 散歩を する

② a 来週   b 冷蔵庫に ねぎが ない   c 買い物に 行く

③ a 明日   b 授業が 早く 終わる   c 映画を 見る

단어 来週 다음 주　終わる 끝나다, 마치다

もんだい1 (　　　)に なにを いれますか。

　　　　　1・2・3・4から いちばん いいものを ひとつ えらんで ください。

1　友達が 来るから 掃除を して (　　　)ました。

　　1 おり　　　　　2 おき　　　　　3 おく　　　　　4 あき

2　今日は パーティーを (　　　)つもりです。

　　1 すて　　　　　2 します　　　　3 して　　　　　4 する

3　最近、運動不足で (　　　)きました。

　　1 太り　　　　　2 大って　　　　3 太って　　　　4 太る

4　昨日、夜遅く 寝て 授業に (　　　)ちゃいました。

　　1 遅れ　　　　　2 遅り　　　　　3 遅れて　　　　4 遅れる

もんだい2 ＿＿＿＿＿＿の ことばは どう よみますか。

　　　　　1・2・3・4から いちばん いいものを ひとつ えらんで ください。

5　バスで 財布を なくして しまいました。

　　1 さいふ　　　　2 ざいふう　　　3 さいぶ　　　　4 ざいぶう

6　たまねぎを 準備して おいて ください。

　　1 しゅんび　　　2 しゅんび　　　3 じゅんひ　　　4 じゅんび

7　野菜は 私が 洗って きます。

　　1 やざい　　　　2 やさい　　　　3 やんさい　　　4 やんざい

もんだい3 _____の ことばは どう かきますか。

1・2・3・4から いちばん いいものを ひとつ えらんで ください。

8 まず、<u>にく</u>は 切って おきます。

1 内   2 筒   3 国   4 肉

9 ビールは <u>れいぞうこ</u>から 出して おきました。

1 冷倉庫   2 令蔵庫   3 冷蔵庫   4 令倉車

もんだい4 ___★___ に 入る ものは どれですか。1・2・3・4から いちばん

いいものを ひとつ えらんで ください。

10 誕生日パーティーに _____ __★__ _____ _____ おきました。

1 買って   2 から   3 プレゼントを   4 行く

もんだい5 _____の ぶんと だいたい おなじ いみの ぶんが あります。

1・2・3・4から いちばん いいものを ひとつ えらんで ください。

11 <u>チケットを 忘れて しまいました。</u>

1 チケットが 買いたいです。

2 チケットを 買って しまいました。

3 チケットを 忘れちゃいました。

4 チケットを 忘れて ください。

일본 각 지역의 특색 있는 요리

오사카(大阪)와 히로시마(広島)를 대표하는 음식으로는 오코노미야키(お好み焼き)가 있다. 오코노미야키는 밀가루 반죽에 양배추와 고기, 해산물 등 다양한 재료를 넣고 구워 먹는 음식이다. '오코노미(お好み)'는 '취향', '야키(焼き)'는 '구이'라는 의미로, 이름대로 취향에 맞는 재료를 철판에 구워 먹을 수 있다. 도쿄(東京)에서는 몬자야키(もんじゃ焼き)라는 특색 있는 요리를 맛볼 수 있는데, 몬자야키는 오코노미야키와 재료는 비슷하지만 반죽이 더 묽고 우스터소스 등을 반죽에 넣어 철판에 구워 먹는 요리이다.

가가와(香川)현은 일본에서 우동 소비량이 가장 많은 지역으로, 가가와현의 사누키우동(さぬきうどん)은 면발이 쫄깃하고 탱글탱글하여 인기가 많다. 오키나와(沖縄)에선 소키소바(ソーキそば)도 유명한데, 소키소바는 간장 베이스 국물에 소키를 올려서 먹는 면 요리를 뜻한다. 여기서 소키(ソーキ)란 오키나와 방언으로 돼지갈비를 뜻한다.

▶ 철판에 구워 먹는 일본의 대표 음식, 오코노미야키

LESSON
12

しょく　じ
食事のマナー

식사 예절

학습목표

1 동사의 부정형(ない형) 4 ~なければ なりません

2 ~ないで ください 5 조사 への 용법

3 ~ない ほうが いいです

伊藤かおり　イさん、韓国には どんな 食事の マナーが ありますか。

イ・テホ　韓国では お皿や 茶わんを 手に 持って 食べては

いけません。

テーブルに 置いて 食べなければ なりません。

伊藤かおり　ほかに 何が ありますか。

イ・テホ　麺を 食べるとき、音を 立てない ほうが いいですよ。

伊藤かおり　そうですか。

イ・テホ　日本でも 注意しなければ ならない 食事の マナーが

ありますか。

伊藤かおり　日本では お皿などを 手に 持って 食べても いいです。

でも、箸から 箸へ 食べ物を 渡さないで ください。

イ・テホ　ああ、そうですか。食文化の 違いですね。

気を つけなくちゃ。

단어

- -

マナー 매너, 예절　茶わん 밥그릇　手 손　置く 두다　～なければ なりません ~하지 않으면 안 됩니다, ~해야 합니다
ほかに 그 밖에, 이외에　麺 면　～とき ~할 때　音を 立てる 소리를 내다
～ない ほうが いいです ~하지 않는 편이 좋습니다　注意する 주의하다　箸 젓가락　～へ ~에　食べ物 음식
渡す 건네다　食文化 식문화　違い 차이　～なくちゃ ~하지 않으면 (안 돼), ~해야지

152

이토 가오리	태호 씨, 한국에는 어떤 식사 예절이 있나요?
이태호	한국에서는 접시나 밥그릇을 손에 들고 먹어서는 안 됩니다.
	식탁에 두고 먹어야만 해요.
이토 가오리	그 밖에 뭐가 있나요?
이태호	면을 먹을 때 소리를 내지 않는 편이 좋아요.
이토 가오리	그렇군요.
이태호	일본에도 주의해야 하는 식사 예절이 있나요?
이토 가오리	일본에서는 접시 등을 손에 들고 먹어도 됩니다.
	하지만, 젓가락에서 젓가락으로 음식을 건네지 마세요.
이태호	아, 그렇군요. 식문화의 차이네요. 조심해야겠다.

1 동사의 부정형(ない형)

동사에 「ない(없다, 아니다)」를 결합하여 '~하지 않다'라는 부정의 의미를 나타내며 정중하게 말할 때는 「~ないです(~하지 않습니다)」와 같이 표현하기도 하며, 과거형은 「~なかった(~하지 않았다)」와 같이 표현한다.

종류	활용법	예		
1그룹동사	어미 → あ단+ない	書く 쓰다	→	書かない 쓰지 않다
		泳ぐ 헤엄치다	→	泳がない 헤엄치지 않다
		待つ 기다리다	→	待たない 기다리지 않다
		作る 만들다	→	作らない 만들지 않다
		死ぬ 죽다	→	死なない 죽지 않다
		遊ぶ 놀다	→	遊ばない 놀지 않다
		読む 읽다	→	読まない 읽지 않다
		話す 말하다	→	話さない 말하지 않다
	う로 끝나는 동사는 어미 → わ+ない	買う 사다	→	買わない 사지 않다
2그룹동사	어미 る → ~~る~~+ない	見る 보다	→	見ない 보지 않다
		食べる 먹다	→	食べない 먹지 않다
3그룹동사	불규칙	来る 오다	→	来ない 오지 않다
		する 하다	→	しない 하지 않다

おもしろくない 本は 読まない。 재밌지 않은 책은 읽지 않는다.

家では 仕事は しない。 집에서는 일은 하지 않는다.

2 〜ないで ください　~하지 마세요

동사의 ない형에 「〜で ください」를 접속하여 '~하지 마세요, ~하지 말아 주세요'라는 의미를 나타내며 상대에게 어떤 행동을 하지 말 것을 부탁하거나 금지된 행동을 말하는 표현이다.

ここでは 写真を 撮らないで ください。　여기에서는 사진을 찍지 마세요.

教室で 携帯電話を 使わないで ください。　교실에서 휴대 전화를 쓰지 마세요.

店の 中では たばこを 吸わないで ください。　가게 안에서는 담배를 피우지 마세요.

3 〜ない ほうが いいです　~하지 않는 편이 좋습니다

동사의 ない형에 「〜ほうが いいです(~편이 좋습니다)」를 접속하여 상대에게 어떤 행동을 하지 않는 편이 좋다는 충고를 할 때 사용하는 표현이다.

お酒は たくさん 飲まない ほうが いいです。
술은 많이 마시지 않는 편이 좋아요.

辛いものは 無理して 食べない ほうが いいです。
매운 것은 무리해서 먹지 않는 편이 좋습니다.

できるだけ ダイエットは しない ほうが いいです。
되도록 다이어트는 하지 않는 편이 좋습니다.

단어
無理する 무리하다
できるだけ 되도록
ダイエット 다이어트

4 〜なければ なりません   ~하지 않으면 안 됩니다, ~해야 합니다

동사의 ない형에 접속하여 '~하지 않으면 안 됩니다, ~해야 합니다'라는 뜻을 나타내며 의무적인 행동을 표현할 때 사용한다. 격식 차리지 않는 회화에서는 줄여서 「〜なくちゃ」 혹은 「〜なきゃ」로 표현한다.

毎日 薬を 飲まなければ なりません。 매일 약을 먹어야 합니다.

明日までには あの 仕事を 終わらなければ なりません。
내일까지는 저 일을 끝내야 합니다.

急がなくちゃ。 서둘러야지.

もう 部屋を 片付けなきゃ。 이제 방을 정리해야지.

단어

薬を 飲む 약을 먹다
急ぐ 서두르다
片付ける 정리하다

5 〜へ   ~으로, ~에

「〜へ」는 방향이나 목적지를 나타내는 조사이다. 본래는 [헤(he)]로 발음하나 조사로 쓰일 때는 [에(e)]로 발음하는 점에 주의해야 한다.

こちらへ どうぞ。 이쪽으로 오세요.

日本へ ようこそ。 일본에 잘 오셨습니다.

毎日 学校へ 行きます。 매일 학교에 갑니다.

단어

ようこそ 어서 오세요

1 보기와 같이 바꿔 써 봅시다.

> 보기 書く
> → 書かない → 書かなかった

① 置く

➔ _____

② 渡す

➔ _____

③ 歌う

➔ _____

단어 歌う 노래하다

> 보기 音を 立てて 麺を 食べる
> → 音を 立てて 麺を 食べないで ください。

④ 茶わんを 手に 持つ

➔ _____

⑤ 教室で スマホを 使う

➔ _____

⑥ トイレで たばこを 吸う

➔ _____

ゴミを 捨てる

→ <u>ゴミを 捨てない ほうが いいです。</u>

⑦ 会社を 休む

→ _____

⑧ 無理を する

→ _____

⑨ 窓を 開ける

→ _____

단어 会社 회사　開ける 열다

約束を 守る

→ <u>約束を 守らなければ なりません。</u>

⑩ 先生に 連絡する

→ _____

⑪ 材料を 買う

→ _____

⑫ 図書館に 本を 返す

→ _____

단어 守る 지키다　返す 돌려주다

2 일본어로 바꿔 써 봅시다.

① 소리를 내서 먹지 마세요.

→ _____

② 밥그릇을 식탁에 두고 먹어야 합니다.

→ _____

③ 조심해야겠다.

→ _____

3 잘 듣고 빈칸을 채워 문장을 완성해 봅시다. 🎵 062.mp3

① この 美術館では 写真を (　　　　　　　　　) ください。

② 辛い ラーメンは 無理して (　　　　　) ほうが いいです。

③ 毎日 学校 (　　　　　) (　　　　　) なりません。

④ 映画館の 前で 友達を 待っているが、まだ (　　　　　)。

단어 美術館 미술관

4 잘 듣고 지문과 일치하면 O, 일치하지 않으면 X 표를 해 봅시다. 🎵 063.mp3

① (　　　　　)　　② (　　　　　)　　③ (　　　　　)

🎵 064.mp3

보기와 같이 밑줄 친 부분을 알맞은 형태로 바꿔 말해 봅시다.

1

> **보기**
>
> A ここで a<u>たばこを 吸わない</u>で ください。
>
> B すみません。
>
> A そして、ここでは b<u>飲み物</u>を c<u>飲まない</u> ほうが いいですよ。
>
> B わかりました。

① a 写真を 撮る   b お菓子   c 食べる

② a お酒を 飲む   b 歌   c 歌う

③ a 大きな 声で 話す   b スマホ   c 使う

단어 飲み物 마실 것, 음료 大きな 큰 声 목소리

2

> **보기**
>
> A a<u>食事</u>の マナーは 何が ありますか。
>
> B b<u>席で 皿を テーブルに 置か</u>なければ なりません。
>
> A ほかに 何が ありますか。
>
> B c<u>音を 立てて 食べ</u>ないで ください。

① a 映画館   b 間に 合って 着く   c ゴミを 捨てる

② a 図書館   b 静かに 勉強する   c 大きな 声で 電話する

③ a 公園   b ゆっくり 走る   c たばこを 吸う

단어 間に 合う 시간에 대다 着く 도착하다 静かに 조용히 ゆっくり 천천히

もんだい1 (　　　) に なにを いれますか。

1・2・3・4から いちばん いいものを ひとつ えらんで ください。

1　食事を する とき、音を (　　　) で ください。

　　　1 立ちない　　　　2 立ない　　　　3 立たない　　　　4 立てない

2　明日の 朝 7時に (　　　) なりません。

　　　1 起きらなければ　2 起きなければ　3 起なければ　　　4 起きりなければ

3　今日は 学校に (　　　) ほうが いいです。

　　　1 行くない　　　　2 行かない　　　　3 行きない　　　　4 行らない

4　週末は たいてい 勉強を (　　　)。

　　　1 すらない　　　　2 すない　　　　3 しない　　　　4 しるない

もんだい2　＿＿＿＿＿＿の ことばは どう よみますか。

1・2・3・4から いちばん いいものを ひとつ えらんで ください。

5　部屋を 片付けなければ なりません。

　　　1 かたづけ　　　　2 かたずけ　　　　3 がたつけ　　　　4 へんづけ

6　トイレで たばこを 吸わないで ください。

　　　1 ざわない　　　　2 さわない　　　　3 ずわない　　　　4 すわない

7　大きな 声で 話さない ほうが いいです。

　　　1 だえ　　　　　　2 たえ　　　　　　3 こえ　　　　　　4 ごえ

もんだい3 ＿＿＿＿＿の ことばは どう かきますか。

1・2・3・4から いちばん いいものを ひとつ えらんで ください。

8 明日の 約束は <u>まもら</u>なければ なりません。

1 寸　　　　　　2 寸ら　　　　　　3 守　　　　　　4 守ら

9 あまり <u>むり</u>しない ほうが いいです。

1 無里　　　　　2 撫理　　　　　3 無理　　　　　4 撫里

もんだい4 ＿＿★＿＿に 入る ものは どれですか。

1・2・3・4から いちばん いいものを ひとつ えらんで ください。

10 ＿＿＿＿＿ ＿＿＿＿＿ レポートを ＿＿＿＿＿ ＿★＿＿。

1 なりません　　2 明日　　　　3 出さなければ　　4 までに

もんだい5 ＿＿＿＿＿の ぶんと だいたい おなじ いみの ぶんが あります。

1・2・3・4から いちばん いいものを ひとつ えらんで ください。

11 <u>夜遅くまで ゲームを しないで ください。</u>

1 夜遅くまで ゲームを しても いいです。

2 夜遅くまで ゲームを しては いけません。

3 早く ゲームを して ください。

4 早く ゲームを したいです。

일본의 식사 문화

일본의 식사는 항상 정해진 감사 인사로 시작하고 끝이 난다. 식사 전에 양손을 모으고 '이타다키마스(いただきます: 잘 먹겠습니다)'라고 하며, 식사를 마친 후에는 '고치소사마데시타(ごちそうさまでした, 잘 먹었습니다)'라고 말해 자연과 농작물을 키우고 요리를 만들어 준 사람에게 감사의 마음을 전한다.

식사를 할 때 한국과 일본의 차이점 중 하나는 한국에서는 밥그릇이나 국그릇을 들지 않고 숟가락과 젓가락으로 먹는 반면, 일본에서는 밥그릇과 국그릇을 들고 젓가락만 사용해서 먹는다는 점이다. 국을 먹을 때도 숟가락을 사용하지 않고 젓가락을 사용해서 건더기를 집어 먹고 국물은 그릇을 들고 마신다. 또한 기본적으로 한국이나 일본이나 식사 중에 소리를 내면서 먹는 것은 피해야 할 행동이지만, 소바(そば, 메밀국수)를 먹을 때 만큼은 예외이다. 일본에서는 소바(そば)를 먹을 때 공기와 함께 면을 소리 내어 빨아들여야 메밀의 향을 더 잘 느낄 수 있다고 여기기 때문에 후루룩거리며 먹기도 한다.

▶ 밥 먹기 전 인사, 이타다키마스

일본의 식사 예절

일본에서는 식사할 때 하지 말아야 할 행동들이 있다. 대표적인 것을 소개하자면 첫 번째로 음식을 자신의 젓가락에서 다른 사람의 젓가락으로 직접 전달하면 안 된다. 이는 시신을 화장(火葬)한 후에 젓가락과 유사한 도구를 사용해서 옮기기에 자칫하면 불경스러운 모습을 연상시킬 수 있기 때문이다.

그 다음으로는 공용으로 찍어 먹는 소스에 음식을 두 번 이상 찍어서 먹지 않도록 조심해야 한다. 이는 위생적인 문제로, 자신이 베어 먹은 부분이 소스에 닿게 된다면 그 소스에 자신의 타액이 섞이게 되는 것이므로 같이 먹고 있는 사람을 배려하지 않는 행동인 셈이다.

마지막으로 덮밥 종류를 먹을 때 한국식 비빔밥처럼 섞거나 비벼서 먹는 행동은 피해야 한다. 일본은 요리 그대로의 모양과 맛을 중시하는 경향이 있기 때문에 덮밥류의 음식은 섞거나 비비지 않고 그 상태 그대로 먹는 것이 좋다.

부록

1 ① 私は 学生です。

② イ・テホさんは 韓国人です。

③ はい、一年生です。

いいえ、一年生では ありません。

④ はい、留学生です。

いいえ、留学生では ありません。

⑤ 山田さんは 日本語の 先生です。

⑥ ここは 私の 学校です。

⑦ キムチは 韓国の 料理です。

2 ① 私の 専攻は 日本語です。

② 韓国は 初めてでは ありません。

③ あの 本は 私のです。

3 ① (はじめまして)。伊藤かおりです。

② 専攻は (韓国語)です。

③ どうぞ (よろしく お願いします)。

④ 韓国は (初めて)ですか。

4

はじめまして。イ・テホです。

どうぞ よろしく お願いします。

私は 韓国大学の 二年生で、

専攻は 日本語です。

① 私は イ・テホです。

② 私は 韓国大学の 一年生です。

③ イさんの 専攻は 韓国語です。

정답: ① O   ② X   ③ X

1 ④	2 ③	3 ④
4 ②	5 ②	6 ①

1 ① 友達でした →

友達では ありませんでした

② 日本人でした →

日本人では ありませんでした

③ 先生でした →

先生では ありませんでした

④ ここから ソウル駅まで 2時間です。

⑤ 11時から 5時まで 授業です。

⑥ 土曜日から 日曜日まで 休みです。

2 ① てんぷらや うどんなどが おすすめです。

② すしや さしみなどが おすすめです。

③ 英語や 日本語などが 人気です。

3 ① おかずは たくあんや のりなどです。

② これが ランチメニューです。

③ ランチタイムは 12時から 1時までです。

4 ① この (建物が) 学食です。

② ランチタイムは (何時)(から)ですか。

③ 私は とんかつ(に) (します)。

5

A ランチタイムは 何時からですか。

B 前は 11時から 2時まででしたが、

今は12時から2時までです。

A そうですか。

ランチメニューは 何ですか。

B ラーメンや すしなどです。

① 今の ランチタイムは
　　１１時から ２時までです。

② ランチメニューは ラーメンです。

③ 前の ランチタイムは ２時まででは
　　ありませんでした。

정답: ① X　　　② O　　　③ X

JLPT 모의고사　　　　　　p.045

1 ③　　　　**2** ①　　　　**3** ②

4 ④　　　　**5** ③　　　　**6** ④

LESSON4　花見　꽃구경

연습문제　　　　　　　　　　p.053

1　① 静かです

　　② にぎやかです

　　③ 下手です

　　④ あの 先輩は 親切では ありません。
　　　あの 先輩は 親切じゃ ないです。

　　⑤ 私の 友達は 料理が 上手では ありません。
　　　私の 友達は 料理が 上手じゃ ないです。

　　⑥ あの 海は きれいで 有名です。

　　⑦ 彼女は おしゃれで 元気です。

　　⑧ 地下鉄は 静かで 便利です。

　　⑨ 京都は きれいな まちです。

　　⑩ 彼は 元気な 人です。

　　⑪ あの 建物は 安全な ところです。

2　① ヨイドの 桜は きれいです。

　　② あの 人は 有名な 歌手です。

　　③ あの 地下鉄は 安全で 便利です。

3　① 学校は (きれいで) 静かです。

　　② ソウル駅は (便利な) ところです。

　　③ テニスは あまり(好きじゃ ない)です。

4

今は 花見の 季節です。
韓国の 桜は ヨイドが きれいで 有名です。
花見の 屋台は おでんや トッポキが
おいしいですが、私は トッポキは あまり
好きじゃ ないです。

　　① 今は 花見の 季節では ありません。

　　② ヨイドの 桜は きれいで 有名です。

　　③ 私は トッポキが 好きでは ありません。

정답: ① X　　　② O　　　③ O

JLPT 모의고사　　　　　　p.057

1 ③　　　　**2** ③　　　　**3** ②

4 ④　　　　**5** ①　　　　**6** ④

LESSON5　釜山旅行　부산 여행

연습문제　　　　　　　　　　p.064

1　① まじめだった

　　② 便利だった

　　③ にぎやかだった

　　④ 好きでは なかった

　　⑤ 元気では なかった

　　⑥ 静かでは なかった

　　⑦ 嫌いでした

　　⑧ 必要でした

　　⑨ 簡単でした

⑩ 同じでは ありませんでした

⑪ 丈夫では ありませんでした

⑫ 親切では ありませんでした

⑬ イさんは 歌が 得意です。

⑭ 私は 漢字が 苦手です。

⑮ 僕は ダンスが 下手です。

⑯ 釜山も 有名です。

⑰ 山田さんも 元気です。

⑱ 桜も 好きです。

2 ① 週末の 旅行は どうでしたか。

② 市場は にぎやかで 海も きれいでした。

③ キムさんは いろいろな 日本料理が 好きです。

3 ① 伊藤さんは (旅行が) 好きですか。

② この まちは 昔は にぎやか(では
ありません)でした。

③ 英語の テストは (簡単だった)。

④ 昨日(も) 今日(も) メニューは 同じ
(でした)。

4

私は 旅行が 好きです。
昨日は 伊藤さんと 一緒に 釜山旅行でした。
昔は 釜山で チャガルチ市場が 有名でしたが、
最近は 海雲台ブルーラインパークが 有名です。
いろいろな 魚も 有名です。
昔、私は 魚が あまり 好きでは ありません
でした。でも 今は 好きです。

① 昔は 釜山で 海雲台が 有名でした。

② 昔、私は 魚が あまり 嫌いでは ありません
でした。

③ 釜山は いろいろな 魚も 有名です。

정답: ① X ② X ③ O

JLPT 모의고사 p.069

1 ② **2** ③ **3** ④
4 ② **5** ① **6** ③

LESSON 6 買い物 쇼핑

연습문제 p.077

1 ① 先生は やさしいです。

② 白い ジャケットは 高いです。

③ この 服は 大きく ありません。
この 服は 大きく ないです。

④ その 靴は デザインが よく ありません。
その 靴は デザインが よく ないです。

⑤ 高速バスは 大きくて 速いです。

⑥ 彼女は やさしくて かわいいです。

⑦ この 帽子は 小さくて 高いです。

⑧ これは 高い 靴です。

⑨ あれは 重い かばんです。

⑩ それは 新しい ドラマです。

2 ① この スカートと 靴は かわいくて 値段が
安いです。

② あの 青い ジャケットは あまり 高く
ありません。혹은 あの 青い ジャケットは
あまり 高く ないです。

③ もう 少し 大きい サイズを お願いします。

3 ① ここから 学校は (遠くない)です。

② ソウルの 夏は (暑くて) 冬は (寒い)です。

③ あの (白い スカート)、かわいいですね。

④ この 靴(と) ズボンは (高く ありません)。

4

A シャツの サイズは どうですか。

B 少し 小さいです。もう少し 大きい サイズを
お願いします。

A それが 一番 大きい サイズです。

B そうですか。じゃ、あの 白い 帽子を
お願いします。

① シャツの サイズは ちょうど いいです。

② シャツは 一番 大きい サイズでした。

③ 彼女は 白い 帽子に します。

정답: ① X ② O ③ O

JLPT 모의고사　　　　p.081

1 ② 　　**2** ③ 　　**3** ②

4 ① 　　**5** ④ 　　**6** ④

LESSON7 家探し 집 찾기

연습문제　　　　p.089

1 ① おいしかった → おいしかったです

② よかった → よかったです

③ 強かった → 強かったです

④ 近くない → 近く なかったです

⑤ うれしくない → うれしく なかったです

⑥ 冷たくない → 冷たく なかったです

⑦ 寒くない → 寒く ありませんでした

⑧ 太くない → 太く ありませんでした

⑨ 細くない → 細く ありませんでした

⑩ この ホテルは 高く なかったですが、
部屋は 狭かったです。

⑪ 私の 家は 駅から 遠く なかったですが、
エレベータは なかったです。

⑫ あの 映画は おもしろく なかったですが、
内容は よかったです。

2 ① 私は 新しい パソコンが ほしいです。

② 彼女の 家は とても 広かったです。

③ 家賃は ６０万ウォン くらいが いいです。

3 ① 部屋は 広くて (よかった)ですが、家賃は
(安く なかった)です。

② 家賃が あまり (高くない) ところが
いいです。

③ この コーヒーは (冷たく ありません
でした)。

④ 去年の 冬は とても (寒かった)。

4

私は 学校から 遠くない 家が いいです。
学校まで 地下鉄で ５分 以内の 家が 一番
よかったです。
家賃は あまり 高くない 家が いいです。
６０万 ウォン くらいの ところが いいです。

① 私は 学校から 遠い 家が いいです。

② 学校まで 地下鉄で ５分 以内の 家は よく
なかったです。

③ 家賃は ６０万ウォン くらいが いいです。

정답: ① X ② X ③ O

JLPT 모의고사　　　　p.093

1 ④ 　　**2** ③ 　　**3** ②

4 ② 　　**5** ① 　　**6** ①

LESSON 8 カフェ 카페

1　① 待ちます → 待ちません

　　② 寝ます → 寝ません

　　③ 来ます → 来ません

　　④ 作りました → 作りませんでした

　　⑤ 出ました → 出ませんでした

　　⑥ しました → しませんでした

　　⑦ ジュースを 飲みながら、新聞を 読みます。

　　⑧ ご飯を 食べながら、テレビを 見ます。

　　⑨ 本を 読みながら、メモを します。

　　⑩ カフェの 奥に 席が あります。

　　⑪ 公園に かわいい 犬が います。

　　⑫ 学校に 私の パソコンが あります。

2　① カフェの 中に お客さんが いっぱい います。

　　② コーヒーを 飲みながら、レポートを 書きます。

　　③ 昨日は ジムに 行きませんでした。

3　① 今朝、公園(を) 友達と 一緒に (走りました)。

　　② あの カフェには 席が (ありませんでした)。

　　③ 今日は 図書館で 本を (読みます)。

　　④ テーブルの (上に) 猫が (います)。

4

A　この カフェでは いちご ケーキと りんご ジュースが おすすめです。
　　伊藤さんは 何に しますか。

B　私は いちご ケーキが 好きですが、
　　今日は りんご ジュースに します。

A　じゃ、私が 注文しますね。

① この カフェでは いちご ケーキと りんご ケーキが おすすめです。

② 伊藤さんは りんご ジュースに します。

③ 伊藤さんは いちご ケーキを 注文しませんでした。

정답: ① X　　　② O　　　③ O

JLPT 모의고사   p.107

1 ③　　**2** ②　　**3** ④

4 ①　　**5** ②　　**6** ④

LESSON 9 薬局 약국

1　① → 一緒に 食事を しませんか。

　　　→ いいですね。一緒に 食事を しましょう。

　　② → 一緒に アニメを 見ませんか。

　　　→ いいですね。一緒に アニメを 見ましょう。

　　③ → 一緒に 銀行に 行きませんか。

　　　→ いいですね。一緒に 銀行に 行きましょう。

　　④ → 一緒に レポートを 書きませんか。

　　　→ いいですね。一緒に レポートを 書きましょう。

　　⑤ → カフェで 休みたいです。

　　　→ カフェで 休みたくありません。

　　⑥ → 海で 泳ぎたいです。

　　　→ 海で 泳ぎたくありません。

　　⑦ みっつ お願いします。

　　⑧ いつつ お願いします。

　　⑨ やっつ お願いします。

⑩ お菓子の 中で チョコ味は ひとつだけです。

⑪ この 店の 中で 白い かばんは

これだけです。

⑫ 留学生の 中で 韓国人は 私だけです。

2 ① 薬局で 風邪薬が 買いたいです。

② 韓国では 薬は 薬局だけに あります。

③ 学校の となりの カフェで 会いましょう。

3 ① じゃ、一緒に 買い物に (行きませんか)。

② チョコクッキーは (ここのつ) お願い

します。

③ 冬休みには 日本語を もっと (勉強したい)

です。

④ 授業の 前に 一緒に テニスを (練習

しましょうか)。

4

A 韓国で 薬は 薬局だけに ありますが、日本
では 薬局と ドラッグストアに あります。

B えっ、そうですか。

A 日本も 薬局は 薬だけですが、
ドラッグストアは 薬以外にも コスメや
お菓子、お酒まで あります。

B おお、いいですね。

① 韓国の 薬局には コスメや お酒まで

あります。

② 日本の 薬局には 薬だけです。

③ 日本で 薬は 薬局と ドラッグストアに

あります。

정답: ① X   ② O   ③ O

JLPT 모의고사   p.120

1 ④	2 ②	3 ①
4 ③	5 ③	6 ②

7 ①	8 ④	9 ④
10 ①	11 ③	

LESSON 10 野球場 야구장

연습문제   p.129

1 ① 待って

② 遊んで

③ 来て

④ お弁当を 作って 公園に 行きます。

⑤ ゴミを 捨てて 家に 帰ります。

⑥ 顔を 洗って 外に 出かけます。

⑦ イさんは ビールを 飲んでいます。

⑧ 母は 新聞を 読んでいます。

⑨ 私は 日記を 書いています。

⑩ 最後まで がんばって ください。

⑪ コーヒーを 注文して ください。

⑫ チケットを 予約して ください。

⑬ ここで 写真を 撮っても いいですか。

⑭ この 列車で お弁当を 食べても いいですか。

⑮ 部屋で テレビを 見ても いいですか。

⑯ ここに ゴミを 捨てては いけません。

⑰ お酒を いっぱい 飲んでは いけません。

⑱ 毎日 授業に 遅れては いけません。

2 ① だれを 応援していますか。

② この 席に 座っても いいですか。

③ 家に 帰って 電話します。

3 ① 今、うちの チームが (負けています)。

② こちらで ビールを (買って) 行きましょう。

③ 席で お菓子を (食べても) いいですか。

④ あそこまで まっすぐ (行って ください)。

171

4

今日、イさんと 一緒に 野球場に 来ました。

イさんは ピッチャーの キム選手を 応援して、

私は パク選手を 応援しています。

試合は パク選手の ホームランで うちの チームが

勝ちました。とても うれしかったです。

① イさんは キム選手を 応援しています。

② 私も キム選手を 応援しています。

③ うちの チームは 勝ちませんでした。

정답: ① O　　② X　　③ X

JLPT 모의고사　　p.134

1 ③	**2** ④	**3** ①
4 ④	**5** ②	**6** ③
7 ①	**8** ④	**9** ③
10 ①	**11** ②	

LESSON 11　料理作り　요리 만들기

연습문제　　p.143

1 ① 今度 お好み焼きを 食べて みます。

② 今度 温泉に 行って みます。

③ 今度 日本酒を 飲んで みます。

④ まず、材料を 準備して おきます。

⑤ まず、たまねぎを 冷蔵庫から 出して

おきます。

⑥ まず、ホテルを 予約して おきます。

⑦ 財布を なくして しまいました。

⑧ 風邪を ひいて しまいました。

⑨ お金を 全部 使って しまいました。

⑩ 野菜を 洗って きます。

⑪ 友達を つれて きます。

⑫ ボールを 持って きます。

⑬ 週末は カフェで 勉強する つもりです。

⑭ 夏休みは 京都 旅行に 行く つもりです。

⑮ 来月は 英語を 習う つもりです。

2 ① 私が 山田さんに 電話して みます。

② 肉と キャベツを 切って おきます。

③ 急に 雪が 降って きました。

3 ① 今日は お好み焼きパーティーを する

(つもりです)。

② ねぎを 冷蔵庫から (出して おいて)

ください。

③ コンビニで おいしい お弁当を (買って

きました)。

④ 友達と 新しい カフェに (行って み)たい

です。

4

今日は イさんと 一緒に お好み焼きを 作って

みます。まず、材料を 準備します。

肉と キャベツと ねぎと マヨネーズ などです。

肉と キャベツを 切って おきます。

マヨネーズは 冷蔵庫から 出して おきます。

あ、ねぎを 忘れて しまいました。

スーパーに 行って きます。

① 材料は 肉と たまねぎ などです。

② 肉は 切って おきます。

③ マヨネーズは 冷蔵庫から 出して おきます。

정답: ① X　　② O　　③ O

JLPT 모의고사　　p.148

1 ②	**2** ④	**3** ③
4 ①	**5** ①	**6** ④

LESSON12 食事の マナー
식사 예절

연습문제   p.157

1　① 置かない → 置かなかった
　　② 渡さない → 渡さなかった
　　③ 歌わない → 歌わなかった
　　④ 茶わんを 手に 持たないで ください。
　　⑤ 教室で スマホを 使わないで ください。
　　⑥ トイレで たばこを 吸わないで ください。
　　⑦ 会社を 休まない ほうが いいです。
　　⑧ 無理を しない ほうが いいです。
　　⑨ 窓を 開けない ほうが いいです。
　　⑩ 先生に 連絡しなければ なりません。
　　⑪ 材料を 買わなければ なりません。
　　⑫ 図書館に 本を 返さなければ なりません。

2　① 音を 立てて 食べないで ください。
　　② 茶わんを テーブルに 置いて
　　　 食べなければ なりません。
　　③ 気を つけなくちゃ。

3　① この 美術館では 写真を (撮らないで)
　　　 ください。
　　② 辛い ラーメンは 無理して (食べない)
　　　 ほうが いいです。
　　③ 毎日 学校(へ) (行かなければ) なりません。
　　④ 映画館の 前で 友達を 待っているが、まだ
　　　 (来ない)。

4

日本の 食事の マナーを 紹介します。
日本では お皿などを 手に 持って 食べても いい
です。でも、箸から 箸へ 食べ物を 渡さないで
ください。
食事を する とき もっと 注意しなければ
なりません。

　① 日本では お皿を 手に 持って 食べても いい
　　 です。
　② 日本で 食事を する とき 箸から 箸へ
　　 食べ物を 渡さなければ なりません。
　③ 食事の とき、お皿を 手に 持たない ほうが
　　 いいです。

정답: ① O   ② X   ③ X

JLPT 모의고사   p.161

1 ④   2 ②   3 ②
4 ③   5 ①   6 ④
7 ③   8 ④   9 ③
10 ①   11 ②

MEMO

올인원 일본어 회화 1

지은이 송혜선, 박연정, 피석희, 후지모토 코코
펴낸이 정규도
펴낸곳 (주)다락원

초판 1쇄 발행 2025년 3월 4일

편집 이지현, 송화록
디자인 장미연, 황미연
일러스트 불곰
이미지 출처 Shutterstock

다락원 경기도 파주시 문발로 211
내용문의: (02)736-2031 내선 460~465
구입문의: (02)736-2031 내선 250~252
Fax: (02)732-2037
출판등록 1977년 9월 16일 제406-2008-000007호

Copyright © 2025, 송혜선, 박연정, 피석희, 후지모토 코코

ISBN 978-89-277-1313-5 14730
      978-89-277-1312-8 (세트)

http://www.darakwon.co.kr

• 다락원 홈페이지를 방문하거나 표지의 QR코드를 스캔하시면 MP3 파일을 듣거나
  내려받으실 수 있습니다.